Juan Ruiz de Alarcón

El semejante a sí mismo

Barcelona **2024**
Linkgua-ediciones.com

Créditos

Título original: El semejante a sí mismo.

© 2024, Red ediciones S.L.

e-mail: info@linkgua.com

Diseño de cubierta: Michel Mallard.

ISBN rústica: 978-84-9816-295-0.
ISBN ebook: 978-84-9897-250-4.

Sumario

Brevísima presentación

La vida

Juan Ruiz de Alarcón y Mendoza (1581-1639). México. Nació en México y vivió gran parte de su vida en España. Era hijo de Pedro Ruiz de Alarcón y Leonor de Mendoza, ambos con antepasados de la nobleza. Estudió abogacía en la Real y Pontificia Universidad de la Ciudad de México y a comienzos del siglo XVII viajó a España donde obtuvo el título de bachiller de cánones en la Universidad de Salamanca. Ejerció como abogado en Sevilla (1606) y regresó a México a terminar sus estudios de leyes en 1608. En 1614 volvió otra vez a España y trabajó como relator del Consejo de Indias. Era deforme (jorobado de pecho y espalda) por lo que fue objeto de numerosas burlas de escritores contemporáneos como Francisco de Quevedo, que lo llamaba «corcovilla», Félix Lope de Vega y Pedro Calderón de la Barca.

El semejante a sí mismo ironiza con las mentiras de los personajes que ocultan la verdad para seducir, y ridiculiza la falta de verosimilitud de una apasionante secuencia de episodios amorosos.
Como en otra piezas del teatro novohispano, marcado por la convención dramatúrgica de que la trama transcurriese en España, Ruiz Alarcón hace una sola mención a México:

> «México, la celebrada
> cabeza del indio mundo...»

Personajes

Celio, hermano de Julia
Don Diego de Luján, galán
Don Juan de Castro, galán
Don Rodrigo, viejo grave
Doña Ana, dama
Gerardo, galán
Guillén, escudero
Inés, criada de doña Ana
Julia, dama
Leonardo, galán
Sancho, gracioso

Jornada primera

(Salen don Juan, Leonardo y Sancho.)

Juan   ¡Hermosa vista!

Leonardo   Un abril
              goza en sus puertas Sevilla.

Juan   Es octava maravilla.

Leonardo   Ya la fama cuenta mil,
              porque a las siete del mundo
              no hay quien la suya no aumente.

Juan   Al Escorial justamente
              le dan lugar sin segundo.

Sancho   Yo sé siete maravillas
              nuevas, que con más razón
              dignas de este nombre son.

Juan   Quiero oíllas.

Sancho   Yo decillas.
              La primera, si se mide
              con las antiguas, por tres
              puede valer.

Leonardo   ¿Y cuál es?

Sancho   Una mujer que no pide.

Juan   Si es de Madrid la mujer.

Sancho	Es segunda maravilla
	un caballero en Sevilla
	sin ramo de mercader.
	La tercera es justamente
	un calvo alegre de sello,
	y que no arrastre el cabello
	desde el cogote a la frente.
	La cuarta, una doncellita
	que no casarse desea.
	La quinta, una mujer fea
	que los años no se quita.
	Por sexta quiero contar
	un bien contento soldado;
	y por séptima, un casado
	que le pese de enviudar.
	La octava es un mercader
	sin achaques de logrero;
	un oficial de barbero
	sin guitarra en que tañer;
	una dama que se alegra
	con agua pura la faz;
	un marido mozo en paz
	con cuñados y con suegra;
	sin un San Pedro y San Pablo
	la iglesia de alguna aldea,
	y un tahur que no desea
	tal vez que le lleve el diablo.
Juan	Basta, que el número crece.
Leonardo	Si veras hemos de hablar,
	una quiero yo contar
	que las demás oscurece.

Juan	Ya mucho en sabella gano, pues vos así la alabáis.
Leonardo	Pues es, porque la sepáis, el desagüe mexicano.
Sancho	Hable cristiano, señor.
Leonardo	México, la celebrada cabeza del indio mundo, que se nombra Nueva España, tiene su asiento en un valle toda de montes cercada, que a tan insigne ciudad sirven de altivas murallas. Todas las fuentes y ríos que de aquestos montes manan, mueren en una laguna que la ciudad cerca y baña. Creció este pequeño mar el año que se contaba mil y seiscientos y cinco, hasta entrarse por las casas; o fuese que el natural desaguadero, que traga las corrientes que recibe esta laguna, se harta; o fuese que fueron tales las crecientes de las aguas, que para poder beberlas no era capaz su garganta. En aquel siglo dorado —dorado, pues gobernaba

el gran Marqués de Salinas,
de Velasco heroica rama,
símbolo de la prudencia,
puesto que por tener tanta,
después de tres virreinatos
vino a presidir a España—
trató este nuevo Licurgo,
gran padre de aquella patria,
de dar paso a estas crecientes
que ruina amenazaban;
y después de mil consultas
de gente docta y anciana,
cosmógrafos y alarifes,
de mil medidas y trazas,
resuelve el sabio virrey
que por la parte más baja
se dé en un monte una mina
de tres leguas de distancia,
con que por el centro de él
hasta la otra parte vayan
las aguas de la laguna
a dar a un río arrogancia.
Todo es uno el resolver
y empezar la heroica hazaña.
Mil y quinientos peones
continuamente trabajan.
En poco más de tres años
concluyeron la jornada
de las tres leguas de mina,
que la laguna desagua.
Después, porque la corriente
humedeciendo cavaba
el monte, que el acueducto
cegar al fin amenaza,

de cantería inmortal
de parte a parte se labra,
que da eterna paz al reino
y a su autor eterna fama.

Juan

Tan insigne maravilla
muy justamente se alaba
por la primera del mundo.

Sancho

¿Que la bellaca del agua
quiso alzarse con la tierra?
Pues el vino, ¿dónde estaba?

Leonardo

Trazando cómo a su costa
se efetuase esta hazaña;
que dos reales impuestos
en cada azumbre de él, daban
cada año cien mil ducados,
que en el desagüe se gastan.

Sancho

Mienten todos los gallinas,
los bellacos y bellacas
que osaren decir que el vino
debe dar tributo al agua.
¿Hacer al vino pechero
para que a su costa se hagan
al agua, de cantería
caminos por donde salga?
¿A una infame parricida
que quiso anegar su patria?
¿Que no la pueden sufrir
los montes en sus entrañas?
¿Que anda, como la culebra,
toda la vida arrastrada?

¿Que con el pecho por tierra
besa los pies a las parras?
¿Que, como el diablo, del cielo
huyendo, a la tierra baja,
el invierno tiritando
y el verano abuchornada?
¿La que es tan vil, que se vende
por dos cuartos una carga,
en que pluguiera a los cielos
que el vino la remedara?
¿La que ha quitado más vidas,
más haciendas...?

Juan   Sancho, basta.

Sancho   ¿Qué males ha hecho el vino?
              ¿Quién en Indias ni en España
              ha recibido mal de él,
              que de esa suerte le tratan?

Juan   Sancho, no tienes razón,
              que antes su nombre levantan
              con decir que hizo a su costa
              desterrar a su contraria.
              Un gran príncipe, ¿no suele
              hacerle cortar la cara,
              dar de palos, desterrar
              a su costa a quien le enfada?
              Pues en esto, di, ¿quién pierde?
              Quien lleva la cuchillada
              o los palos o el destierro;
              que quien lo pagó, antes gana,
              pues quedando vitorioso,
              compra el gusto y la venganza.

14

Sancho	¡Bien hayas tú, pues en ti tan buen abogado halla el santísimo licor!
Juan	¿Piensas, bufón, que me agrada que digas de él, tanto bien?
Sancho	Otros tienen dos mil faltas, y yo tengo ésta no más.
Juan	¿Y el amor?
Sancho	Si amor es tacha, no hay quien valga por testigo.
Juan	Aquesto, del juego, ¿es nada?
Sancho	¿Qué ha de hacer un hombre honrado mientras a su amo aguarda? ¿No es peor ponerse en corro con la cuadrilla lacaya a no dejar honra en pie de sus amos ni sus amas?
Juan	Por asegurar la mía, quiero agora que te vayas; que hablar queremos a solas.
Sancho	¿De mí no haces confianza?
Juan	Parecido me has lacayo de comedia, pues extrañas que yo no te comunique

los secretos de importancia.
Al lacayo que más sabe
basta escucharle sus gracias,
si pueden serlo aprendidas
entre el mandil y almohaza.

Sancho   Almoházame más quedo,
si pudieres.

Juan   Vete, acaba.

Sancho   Iránse; que no son bestias,
puesto que con bestias tratan.

(Vase Sancho.)

Leonardo   Ya estamos solos. Decid,
don Juan amigo, la causa
de habernos quedado así.

Juan   ¡Ay, amigo de mi alma!
¿Tenéis amor?

Leonardo   ¡Pese a tal!
¿De ahí comienza la maraña?
Amor y mala ventura
en todas partes se hallan;
mas yo agora vivo libre,
de que doy a Dios mil gracias.
Vos sabéis que Julia un tiempo
en prisión tuvo mí alma;
mas dio su inmortal desdén
muerte a mi amor y esperanza.

Juan	Con eso puedo seguro comunicaros mis ansias; que de vuestra libertad nace el fin de mi desgracia.
Leonardo	¿Cómo?
Juan	¿Atrevéisos por mí a partir una jornada?
Leonardo	Ya mi amistad ofendéis.
Juan	Es larga.
Leonardo	Aunque sea tan larga que al antípoda visite, Libia ardiente o Escitia helada.
Juan	Es hasta el Pirú.
Leonardo	Es un paso; pero, porque alegre vaya, ¿voy con vos, don Juan?
Juan	Sin mí.
Leonardo	El no veros me acobarda, mas anímame el serviros. Dadme los brazos.
Juan	Y el alma.
Leonardo	Quedaos a Dios.

Juan	¿Dónde vais?
Leonardo	¿Mandáis que al Pirú me parta,
	y preguntáis dónde voy?
	A embarcarme parto.
Juan	Basta.
Leonardo	El amigo verdadero
	así obedece.
Juan	No estaba
	dudoso de esta fineza;
	pero, ¿sin saber la causa
	y el fin os vais a embarcar?
Leonardo	El de daros gusto basta.
	¿Qué tengo más que saber,
	si me mandáis que me vaya?
	Que de resistir da indicios
	quien examina las causas.
	Pensé que era vuestro gusto
	solo que yo me ausentara
	y hasta el Pirú no parase,
	y a ejecutarlo empezaba.
Juan	Dios os guarde. Mas misterio
	tiene jornada tan larga;
	que no apartara de mí
	un amigo tan del alma,
	si de otro fiar pudiera
	lo que hoy mi pecho os encarga.
Leonardo	Dadme pues esa instrucción.

Juan	Si me dais paciencia...

Leonardo	Vaya.

Juan

Ya sabéis que cortó el alfanje fiero
de la parca la vida de mi tío.
Dejó una hija, vida por quien muero.
Mi padre, duro ya padrastro mío,
quedó por curador de su sobrina,
si no es el darlo a un ángel desvarío.
Trájola a nuestra casa; que imagina
guardarla más así. ¡Necio quien guarda
la pólvora, y al fuego la avecina!
Como al ser muy hermosa y muy gallarda
el trato se llegó, de Amor el fuego
en abrasar mi pecho poco tarda.
Vime abrasado apenas, cuando luego,
por no perder las mañas de tirano,
conmigo usó las suyas el dios ciego;
que por esto un filósofo, no en vano,
pintaba al niño rey, de rosas llena
una, y llena de espinas otra mano.
Que mi enemigo padre —¡dura pena!—
que en estos galeones parta a Lima
a cobrar cierta herencia me condena.
O entiende los amores de mi prima,
y por emparentar con otra gente,
para mi esposa el viejo no la estima,
o la codicia vil, que más ardiente
reina en la sangre de la edad más fría,
le ha obligado a mandarme que me ausente.
Vime con esto tal, que el alma mía...
Tal, que la vida... Tal... Solo quien sabe

de amor, podrá saber cuál me vería.
Mas pintan al Amor con alas de ave,
por la velocidad del pensamiento
del que ha vencido su furor suave.
Mil engaños fabrico en un momento;
y al fin uno resuelve que la fama
quite al griego Sinón, y a mí el tormento.
Viviré con mi padre y con mi dama,
sin ser del uno u otro conocido;
que se atreve a emprender tanto quien ama.
Tengo en Madrid un primo, que ha venido
poco ha de Flandes, tras de ausencia larga;
don Diego de Luján es su apellido.
Pues a éste escribo de mi vida amarga
el estado. Él, no deudo, sino amigo,
de mi remedio hasta morir se encarga.
Vuélvole yo a escribir, y al fin le digo
el engaño que trazo, con que entiendo
ejecutar esta intención que sigo.
Y porque la sepáis, es que fingiendo
mi primo y yo que somos parecidos,
esta opinión con cartas extendiendo,
ordené que mi primo con fingidos
deseos de ver esta semejanza,
de la fama que echamos procedidos,
escribiese a mi padre que si alcanza
lugar, a verme se vendrá a Sevilla,
antes que yo de aquí haga mudanza;
que a cuantos nos conocen, maravilla
que diferencia no hay de mi sujeto
al suyo, que hombre pueda distinguilla.
A éste ayudó otro engaño bien discreto.
Por suyo le envió un retrato mío
que a don Diego envié para este efeto.

Yo lo mismo a su padre, que es mi tío,
le escribo; y en lugar de mi retrato
el de don Diego con la carta envío.
Con esto, yo en mi casa alegre trato
mi jornada y dispongo mi partida;
que importa en engañar este recato.
Mi ropa está ya toda apercebida,
fletado en galeón matalotaje,
yo os juro tal, que a navegar convida.
Partiremos los dos a este viaje;
despediréme, en Cádiz embarcado,
de Sancho, mis amigos y linaje;
entregaráse al viento el leño alado;
veránme en él partir; con que del todo
nadie podrá creer que me he quedado;
y después, con un barco, tendré modo
que salga al mar por mí; con el dinero
dos mil dificultades acomodo.
Volveré aquí secreto, donde espero
dentro de un mes mi primo, que con plaza
de criado será mi compañero,
y con su nombre iré donde me abraza
mi padre por don Diego, y mi querida,
sin saber que soy yo, mi cuello enlaza.
Vos, mi Leonardo, amparo de mi vida,
a Lima iréis, tomando el nombre mío,
pues no es vuestra persona conocida.
Llevaréis mis papeles. Ya me río
de veros hecho yo; mas vos, hermano,
yo sois por la amistad, no es desvarío.
Cobraréis esta herencia; y porque vano
no nos salga el intento, daros oso
en blanco muchas firmas de mi mano
para que así a mi padre sospechoso

vuestras cartas le quiten la sospecha
que darle yo de mí será forzoso.
Yo en tanto, sí el dios ciego no desecha
un corazón en quien intentos tales
pudo engendrar su venenosa flecha,
conquistaré la causa de mis males.

Leonardo   ¿De manera que has fingido
para quedarte, don Juan,
que a don Diego de Luján,
tu primo, eres parecido,
y don Diego le envió
a tu padre tu retrato
por suyo?

Juan   Y el mismo trato
usé con su padre yo,
que le he enviado por mío
el retrato de don Diego,
su hijo y mi primo.

Leonardo   ¿Luego
no te conoce tu tío?

Juan   Nunca mi tío me vio,
ni mi padre vio a mi primo.

Leonardo   Vuestro raro ingenio estimo
por el mejor que nació.
Mas décidme, ¿con qué intento
a vuestra prima engañáis,
y no le comunicáis
este sutil pensamiento?

Juan	Aunque con firmeza extraña
	me muestra mi prima amor,
	tengo indicios y temor
	de que me miente y engaña;
	y así, quiero, convertido
	en don Diego, pretendella,
	y ver si el amor en ella
	es verdadero o fingido.
Leonardo	Para eso, ¿no era mejor
	echarle otro pretendiente?
Juan	No es ese medio prudente;
	que puede cobrarle amor,
	y el probarla de ese modo
	es perderla; mas así
	si me trueca a mí por mí,
	en casa se queda todo.
	Que si da, habiendo creído
	que soy don Diego, en quererme,
	sabré que puede ofenderme
	sin saber que me ha ofendido.
Leonardo	Pues decidme ¿para qué
	queréis a don Diego al lado?
Juan	Para que más engañado
	mi padre y el suyo esté;
	que así el enredo que he hecho
	tendrá más fuerza, y en él
	tendré un amigo fiel
	con quien descanse mi pecho.
Leonardo	Decís muy bien.

Juan   Cien doblones
en letra le remití
para el gasto.

Leonardo   Siempre así
lográis vuestras intenciones.

Juan   Si soy rico, ¿he de perder
por escaso mi remedio?
Es un poderoso medio
ser liberal, de vencer.

Leonardo   Vitoria tan merecida
no es dudosa.

Juan   Yo la espero
con vuestra ayuda.

Leonardo   Yo quiero
apercibir mi partida.

Juan   Dos mil escudos os doy
para la costa.

Leonardo   No es eso
tratarme bien.

Juan   Yo os confieso
que atrevido y corto soy;
mas para Lima me da
mi padre crédito abierto.
Ése llevaréis, que es cierto,
con que estéis a gusto allá

	lo que dure la cobranza.
Leonardo	Voy corrido y obligado.
Juan	La vida es poco haber dado a quien la da a mi esperanza.

(Vase Leonardo.)

Juan	Aumento de la próspera fortuna y alivio en la infeliz, maestra llave que con un natural secreto sabe dos voluntades encerrar en una; del humano gobierno la coluna, ancla segura de la incierta nave de la vida mortal, fuero suave que en paz mantiene cuanto ve la Luna, es la santa amistad, virtud divina que no dilata el premio de tenella, pues ella misma es de sí misma el fruto. A quien naturaleza tanto inclina, que al hombre que vivir sabe sin ella, sabe avisar el animal más bruto.

(Sale Sancho.)

Sancho	¿Acabó el secreto ya?
Juan	¿Quién os mete en eso a vos?
Sancho (Aparte.)	(Extraño está, vive Dios, después que al Pirú se va. Después que se parte a Lima está de tal condición,

que ni le hallo sazón
con azúcar ni con lima.)
¿De Sancho no fía ya?

Juan   Sancho amigo, no convino.

Sancho   ¿Sancho amigo y no con-vino?
Pues sin vino, ¿qué será?

Juan   ¿Vuelves a dar en tu tema?

Sancho   Y tú en la tuya darás,
pues que con tu prima estás

Juan   Con el fuego que me quema.
Mas leyendo viene, ¡cielos!
¿Si es billete?

(Sale doña Ana, leyendo una carta, sin ver a don Juan y Sancho.)

Sancho (Aparte.)   (Rayos echa.
La centella de sospecha
dio en el polvorín de celos.)

(Don Juan habla aparte a Sancho.)

Juan   Matalla o matarme es poco.

Sancho   Ya escampa. Dime, señor,
¿cuál te parece peor
emborracharse, o ser loco?

Juan   ¡El diablo, pícaro!...

(Dale.)

Sancho   ¡Ay, Dios,
            que me ha derribado un diente!

(Don Juan quita el papel a doña Ana.)

Juan   ¡Suelta, falsa!

Ana   ¡Primo, tente!
            ¿Siempre hemos de andar los dos,
            sin ocasión, en cuestiones?
            No obligas con ese trato.

Sancho (Aparte.)   (Enamora como gato
            a gritos y mordiscones.
            Yo le conocí más tierno;
            mas después que al Pirú va,
            tan desesperado está,
            que pienso que va al infierno.)

(Lee don Juan la carta.)

Ana   De tu primo el de la corte
            es una carta.

Juan   Yo estimo
            que te conozca mi primo,
            y que escribirte le importe.

Ana   Necio, mira el sobreescrito.
            ¿Dice a tu padre?

Juan   Sí dice.

Ana	¡Gracias a Dios, que no hice en leerla algún delito! Don Juan, para sospechar, cualquier indicio disculpa; pero sábete que es culpa reñir sin averiguar.
Juan	¿Qué tienes tú que leer lo que el otro escribe aquí?
Ana	Sobre un bufete la vi; está abierta, y soy mujer. ¿También me riñes por eso?
Juan	Su estilo, ¿te ha enamorado?
Ana	Por cierto que estás pesado, don Juan, o falto de seso.
Juan	Que ha de vacar, te parece, mi plaza en tu amor partiendo, y papeles andas viendo para ver quién la merece.
Ana	¿Y bastaráme a obligar ver una carta?
Juan	Doña Ana, con ocasión más liviana suele una mujer amar.
Sancho	A ese propósito quiero, por si puedo apaciguaros,

de mi mocedad contaros
un suceso verdadero.
Yo, mis señores, tenía
un Juan Lobo por amigo.
Llevélo una vez conmigo
a ver cierta moza mía.
El tomó aparte lugar,
mientras yo hablaba a mi amor
lo que el discreto lector
podrá allá considerar.
Mi moza al Lobo le echaba
los ojos de cuando en cuando,
la paciencia ponderando
con que aguardándome estaba.
Y al fin de él se enamoró;
y la causa fue, en efeto,
solo que él se estaba quieto
mientras no lo estaba yo.

Juan   Sancho, por un leve indicio
condenan al desdichado.

Ana   Siempre, don Juan, te has quejado
en tu fortuna, de vicio.
Confiésote que leí
la carta con gusto, primo,
y aun más, que a su dueño estimo
porque se parece a ti;
que dice que es tan extraña
la semejanza que Dios
quiso poner en los dos,
que a tus amigos engaña,
y le hablan todos por ti.

Juan (Aparte.)   (Mi intención va obrando ya.)
                  Es mi primo. No será
                  mucho parecerme así.

Sancho   Ser dos hombres parecidos
                  no es suceso más extraño
                  que salir de un mismo paño
                  semejantes dos vestidos.

Juan   Pero si alguno mirara
                  a don Diego en mi presencia,
                  no dudo que diferencia
                  grande entre los dos hallara.
                  Y ya que el cielo de ti
                  ha ordenado que me aparte,
                  huelgo, mi bien, de dejarte
                  este retrato de mí.
                  Él me escribe que vendrá
                  a verme cuan presto pueda.
                  Ya la armada nos lo veda,
                  que para salir está.
                  A mi padre le he pedido,
                  si algo en él mi ruego vale,
                  que lo aposente y regale
                  por serme tan parecido.
                  Lo mismo contigo intento,
                  que si en memoria de mí
                  le regalas, irá en ti
                  siempre mi amor en aumento.
                  Esto se entiende con tal
                  que lleves tiento y recato.
                  No venga a echar el retrato
                  de casa al original.
                  Porque de don Diego el fuego

nunca en ti halle lugar,
siempre a don Juan has de hablar,
aunque te hable don Diego.
Y así, mientras no te veo,
engañarán tus enojos
con el retrato los ojos,
con la esperanza el deseo.

Ana   ¡Ay, Dios! ¿Quién tendrá paciencia,
mi don Juan, para escuchar
sin deshacerse en llorar,
estos preceptos de ausencia?

Juan   ¿Lloras?

Ana   Pregunta si vivo
cuando te ausentas.

Juan   Confieso
que no esperé tal exceso
de tu corazón esquivo.
No llores, si no procura
tu llanto, señora, así
que alegre parta de ti,
pues pruebo así mi ventura.
Cesen de llorar las perlas
en ese campo de rosa.
Advierte que, de envidiosa
la aurora para cogerlas,
más presto amanecerá
y dará priesa a los días,
con que de mis alegrías
el fin se anticipará.
No todo ahora lo llores;

deja qué llorar después.
No adelanten, pues me ves,
el tormento los temores
Reserva para la ausencia
algo de tanto dolor,
porque suele un gran sudor
ser el fin de la dolencia.

Ana   ¡Plega a Dios, dueño querido,
si en tu ausencia tengo vida,
que viva yo aborrecida
de un adorado marido!
¡Plega a Dios!...

Sancho   Basta de plegas,
que viene, señor, el viejo.

Juan   Al tiempo la prueba dejo
de esas finezas que alegas.

(Vanse doña Ana y don Juan.)

Sancho   ¡Plega a Dios!... ¡Ah, enamorados!
Cuando empiezan a plegar,
plegarias pueden prestar
al día de los finados.

(Sale Inés.)

Inés   ¿Qué es de don Juan?

Sancho   ¡Buena es ésa!
Inés, más cuerdo me pinta.
¿Para qué buscas la pinta,

si se va todo en la presa?

Inés   ¿Quién es la pinta?

Sancho   Don Juan.

Inés   ¿Y la presa?

Sancho   Yo lo soy,
pues siempre delante voy.
Mas dime. ¿En qué estado están
las penas de que me ausento?

Inés   ¿Te ausentas?

Sancho   ¡Bueno, a fe mía!
¿Olvidado se te había?
Señal de gran sentimiento.

Inés   ¿Al fin te vas al Pirú?

Sancho (Aparte.)   (Aquí es Troya.) Cierto es ya.

Inés   ¿Qué me has de enviar de allá?

Sancho   Enviaréte a Bercebú.
¡Ved con qué llanto recibe
las nuevas tristes de ausencia!
¡Notad cómo de paciencia,
para sufrir se apercibe!
Tal es ya la tiranía
de aqueste género infame,
que el eco de vengo es «dame»,
y el eco de voyme «envía».

¿No hay al vengo un bien venido?
¿No hay al voyme un vuelve presto?
Pinten a amor, según esto,
salteador descomedido.
¿Apenas vi la mujer,
cuando se lo he de pagar?
O no tengo de jugar,
o en viéndola he de perder.
¿Cómo en viéndola? Y aun antes.
Allegaos a una tapada,
y antes de mostraros nada,
pedirá cintas y guantes.
«¿Qué me has de enviar?» ¡Qué bien!
El amor más firme cae.
¡Aun no me dijera trae,
que es un disfrazado ven!
«Envía» es «quédate allá».
¡Mal haya el necio que fía
en ellas, quien les envía,
quien les trae, y quien les da!
¡Oh, terribles agravios,
atar la bolsa y desatar los labios!

(Vase Sancho.)

Inés

Aguarda, Sancho, detente,
atiende a mi triste llanto.
Ya lloro, ya no te pido,
si con pedir te he enojado.
Como a las Indias te partes,
quise pasar este trago
con tratar de las riquezas
que esperaba de tus manos.
«¡Oh, terribles agravios!»

Mas, ¡oh, mayor simpleza!
¡Atas la bolsa y pídesme firmeza.

(Vase Inés. Salen Leonardo y Guillén.)

Guillén

Leonardo, aguardad aquí;
avisaré a mí señora.

(Vase Guillén.)

Leonardo

¿Que Julia me llame agora?
Yo vengo fuera de mí.
Cuando no la vi en mil días
huyendo su resistencia,
y están con la larga ausencia
las cenizas de amor frías,
¿de llamarme se ha acordado?
Cuando estoy tan de partida,
¿quiere por la despedida
resucitar mi cuidado?
Mas no es de amor el llamarme
que tan dichoso no soy.
Sabrá que a las Indias voy,
y algo querrá encomendarme.
Mas ella viene, el ruido
de sus pasos me ha turbado,
la sangre toda se ha helado,
y el corazón encendido.
¡Cuan tarde la fuerza pasa
de amor que fue verdadero,
pues con el soplo primero
se descubre tanta brasa!

(Sale Julia.)

Julia	Señor Leonardo, ¿era ya tiempo de vernos los dos?
Leonardo	Eso preguntadlo a vos.
Julia	Por mí respondido está, pues a llamar os envío.
Leonardo	Y por mí también pues muestro, viniendo al mandado vuestro, que eso está en vuestro albedrío.
Julia	Dicen que a las Indias vais.
Leonardo	Si no me mandáis quedar.
Julia	Si mandarlo ha de bastar, yo os mando que no os partáis. El estilo perdonad; que lo hice por cogeros la palabra.
Leonardo	A no entenderos, nueva especie de crueldad, con mascara de favor, queréis en mí ejecutar.
Julia	¿Cómo?
Leonardo	Mandarme quedar después de tanto rigor, es solo —hablemos verdades, pues para partir estoy—

36

porque os falta, sí me voy,
materia a vuestras crueldades.
Mas no, Julia. Ya arrojé
del cuello una vez el yugo,
ya libre la ropa enjugo
que del mar de Amor saqué.
Ya no más comprar enojos
a costa de merecer;
no más la vida exponer
a vuestros leves antojos.
Huistes cuando os seguía;
cuando huyo me seguís.
Esto que agora sentís,
sentí yo, Julia, algún día.
Mas hoy, por mayor vitoria,
quiero hurtar con esta ausencia
el cuerpo a vuestra inclemencia
y el alma a vuestra memoria.

Julia   ¡A fe que reñís con brío!
Ya os imagináis vengado.
¡Necio vos, que habéis echado
toda la fuerza en vacío!
¿Quién os dijo que el pediros,
Leonardo, que no os partáis,
es porque pena me dais,
porque os amo, con partiros?
Mi prima doña Leonor,
que ha dado en quereros bien,
me pidió, por ser yo a quien
vos tuvistes tanto amor
—si fue verdad el tenerlo—
que os pidiese que os quedéis;
que por mí, merced me haréis

mucho mayor en no hacerlo.

Leonardo   Basta ya, que es desvarío
anticipar el desdén;
y no amándoos yo, también
dais ese golpe en vacío.
Ni penséis que haber errado
el tiro me da pesar,
que doy por bien el errar
a trueco de haber tirado.
Pues os mostré mí intención
vengado de vos me siento,
que os ha ofendido el intento,
cuando no la ejecución.
¡Y ojalá que modo hallara
para poderme quedar!
Que solo a daros pesar,
vive Dios que me quedara.

Julia   Por lo menos aprobáis
mi rigor; que mal hiciera
si a un villano amor tuviera;
que lo sois, pues os vengáis.

Leonardo   No atribuyáis a venganza
no haberos obedecido,
que sabe Dios que ha nacido
solo de desconfianza.
Pensé que el verme huir
despertaba vuestro amor
y temí vuestro rigor
en volviéndoos a seguir;
que si no, ¿qué mayor gloria,
qué más Indias puedo hallar,

tras tanto amor, que alcanzar
de vuestro desdén vitoria?
Que no tan fácil afloja
al arco la cuerda Amor.

Julia

Ya me parece, señor,
que vais volviendo la hoja.

Leonardo

Negar lo que os he querido
es negar olas al mar.

Julia

Leonardo, ¿qué más negar
que negarme lo que os pido?

Leonardo

No fue negar, fue temer
vuestro inhumano rigor.

Julia

¿No hay mudanzas en amor,
Leonardo? ¿No soy mujer?

Leonardo

A esperar mudanzas yo,
¿qué no hiciera, Julia mía?

Julia

Pues haz lo que digo, y fía
que ya el desdén se acabó.

Leonardo

¿Qué dices?

Julia

Lo que has oído.
La palabra te cogí.
Ésta me coge tú a mí.

Leonardo

¡Ah, cruel! ¿Qué te ha movido
a fingir esta mudanza?

Julia	Si no te he dicho verdad, no halle mi amor piedad ni mi deseo esperanza.
Leonardo	Cuando fue razón, señora, nunca te pude ablandar; y sin ella, ¿he de pensar que te has ablandado agora?
Julia	¡Ah, Leonardo! Poco entiendes de condición de mujer. ¿No es harta razón saber que ausentárteme pretendes? Cuando preso te tenía, dormía el alcaide Amor; mas fue su despertador el saber que el preso huía. No sé qué mudanza en mí hizo esta nueva en un punto, que con ella todo junto arderme y helarme vi. Como ceniza escondió mi fuego la confianza, y fue un soplo tu mudanza que la brasa descubrió. No me castigues agora porque mi amor te he negado, que yo también he ignorado lo que mi pecho te adora. Tu misma ausencia me muestra que me es tu presencia grata. ¡Triste yo, que a quien me mata, vengo a tener por maestra!

No malogres tu esperanza
por castigar mi rigor;
que si muere el vengador,
es locura la venganza.
¿Callas? ¿Qué puedo esperar?
En gran peligro estoy puesta,
porque dudar la respuesta
es especie de negar.
Habla ya. ¿Qué te suspendes?

Leonardo

¡Ay, mi Julia!

Julia

¿Qué te aflige?
Si no crees lo que dije,
con las obras...

Leonardo

No me entiendes.

Julia

Habla, pues.

Leonardo

Amor cruel
siempre da el placer penado
A don Juan de Castro he dado
la palabra de ir con él
al Pirú, y la he de cumplir,
aunque me cueste la vida,
que ya la juzgo perdida,
pues de ti me he de partir.

Julia

Soltará don Juan, si puedo,
la palabra a ruego mío.

Leonardo

No intentes tal desvarío
que pensará que es enredo

y que he mudado intención.

(Sale don Juan.)

Juan
Como ya os queréis partir,
habréis venido a pedir
a Julia su bendición.

Julia
Y vos que me le lleváis,
por mi maldición vendréis.

Juan
Con Leonardo os quedaréis,
Julia, si de ello gustáis.

Julia
Sí gusto.

Juan
Aquesa ley sigo.

Leonardo
Julia, advierte que me ofendo.
Don Juan, mirad que no entiendo
que me tenéis por amigo.

Juan
Muere mi comodidad
donde la vuestra comienza.

Leonardo
No quiera Dios que en mí venza
el amor a la amistad.

Juan
Si la amistad os incita
a atropellar vuestro bien,
a mí la misma también
hace que no lo permita;
y estando en esta igualdad,
vuestro amor ha de vencer.

Leonardo	Lo que he dicho pienso hacer.
	Yo sé la necesidad
	que de mí, don Juan, tenéis.
Juan	Podré, Leonardo, buscar
	quien vaya en vuestro lugar.
Leonardo	Es tarde, no lo hallaréis.
Julia	Ya, Pues don Juan te la suelta,
	no alegues obligación,
	ni niegues que tu intención
	está a vengarse resuelta.
	Véngate. Vete, enemigo;
	que yo...
Leonardo	Oye, Julia, querida,
	si no dejo en ti la vida,
	trágueme el mar por castigo.
	Si no...
Julia	Juramentos deja;
	las obras, Leonardo, creo.
Leonardo	Satisfacerte deseo.
Juan	Julia con razón se queja.
Leonardo	Vos me apretáis sin razón
	a no acudir a lo justo...
Juan	Lo justo es de Julia el gusto.

Leonardo	Lo justo es mi obligación.
Julia	Don Juan la suelta.
Leonardo	Es así;
	mas en este lance estrecho,
	lo que él por cortés ha hecho,
	no me desobliga a mí.
Julia	¡Falso!

(Sale Guillén.)

Guillén	Señora, tu hermano.
Julia	Don Juan, para vos apelo.
Juan	No os pudiera dar el cielo
	juez más de vuestra mano.

(Salen Celio y Gerardo.)

Celio	¡Señores! ¿En esta casa?
Juan	A despedirnos de vos
	hemos venido los dos.
Julia	Don Juan, que a las Indias pasa,
	viene a despedirse, y da
	muestra de su noble pecho.
Celio	Pues, ¿y Leonardo?
Julia	Sospecho

44

que hasta Cádiz con él va.

Leonardo   Y desde Cádiz a Lima.

Julia (Aparte.)   (¡Ah, falso!)

Celio   El viaje sea
con la dicha que os desea
el que como yo os estima.

Juan   Para serviros. De vos
me alcance nueva dichosa,
Julia, de que sois esposa
de quien os merezca.

Julia   Adiós.

Leonardo   Adiós, Celio.

Celio   Adiós, Leonardo.

Leonardo   Julia, quiera Dios que os vea
como mi pecho desea.

Julia   Dios os guarde.

Gerardo (Aparte.)   (En celos ardo.)

Julia (Aparte.)   (¡Quitadme la vida, cielos!)

(Hablan aparte Gerardo y Julia.)

Gerardo   Óyeme, Julia traidora.

| Julia (Aparte.) | (Esto me faltaba agora.) |
| | ¡Suelta! |

| Gerardo | ¡Escucha! |

| Julia | ¡Oh, rabia! |

(Vase Julia.)

| Gerardo | ¡Oh, celos! |

(Vanse Celio, Gerardo y Guillén.)

| Juan | Solos estamos. Ya puede
declararse vuestro intento. |

| Leonardo | Quien ama porque me ausento,
no amará cuando me quede. |

| Juan | ¿Estimáisla? |

| Leonardo | El alma mía
vuelve a adorar su belleza. |

| Juan | Quedaos a gozarla. |

| Leonardo | ¿Empieza
otra vez vuestra porfía?
Yo he de partir, vive Dios,
que quiero probar así
su firmeza para mí
y mi amistad para vos. |

Fin de la primera jornada

Jornada segunda

(Salen don Rodrigo, doña Ana e Inés. Sancho, de camino.)

Sancho
                Mi señor y yo y Leonardo,
que partimos de aquí el lunes,
a Cádiz llegamos jueves
cuando el Sol sus rayos cubre.
Hospedónos don Fernando,
ramo de tu sangre ilustre,
que en regalos y larguezas
con sus esperanzas cumple.
Sábado, cuando del alba
las negras reliquias huyen,
y en el oriente se bordan
de rubí y oro las cumbres,
da fuego la capitana
a una pieza, cuya lumbre
sale entre el humo y centellas
como entre rayos y nubes.
¡Leva! Respondieron todos;
todos a embarcarse acuden;
y la arenosa ribera
de gente al punto se cubre.
Allí acudimos también,
cada cual saltando sube
en los caballos marinos
que el mar con remos discurren.
Llegamos al galeón;
los ojos y oídos puse
en faenas y zalomas
que a los bisoños confunden.
Hablando con mi señor
hasta las diez me detuve,

encargándome las cosas
que de su edad se presumen;
cuando otra pieza de leva
me obliga a que desocupe,
despedido de mi dueño,
la nave, y la tierra busque;
que la capitana, apenas
con el trueno el rayo escupe,
cuando al viento dan las velas
la ligera pesadumbre.
Sobre su popa el heroico
general don Lope, lustre
de Diez, Aux y Armendárez,
la cruz y el pecho descubre;
aquel a quien juzgan todos
por sus hechos y costumbres
digno que en cargos más graves
nuestro santo rey le ocupe,
pues tantas veces del mar
sujetó las inquietudes,
y ha hecho que flotas llenas
de plata a España tribute.
Parte pues la capitana,
haciendo al Sol que se turbe
con el humo de las piezas,
los mosquetes y arcabuces.
Tras ella, la de tu hijo
al costado restituye
las anclas, y dando velas,
rompe los vidrios azules.
Arrimado al bordo de ella
mi señor, mirando estuve
apartarse poco a poco
de los puertos andaluces.

Las lágrimas me impedían;
pero mi lealtad no sufre
que le deje de mirar.
Seguíle con lo que pude,
hasta que con la distancia
las especies se confunden,
y cada nave parece
breve reliquia de nube.
Volvíme con esto a casa
y mi partida dispuse,
y el mismo día salí
de Cádiz entre dos luces.
Llegué a dormir a Sanlúcar,
donde por mi daño supe
que el lunes corrían toros
por cierto gusto del duque.
Quedéme a verlos allí.
Llegan los toros el lunes;
yo, haciendo del forastero,
por toda la plaza anduve.
Aojóme alguna diabla,
pues cuando a esperar me puse
al primer toro, arremete,
y antes que el cuerpo le hurte,
por esta nalga me coge,
y tal golpe me sacude,
que con el cuerno me hiere,
con el topetón me aturde.
Halléme detrás, volviendo
del éxtasis en que estuve,
con un agujero más
contra natural costumbre,
desatacado y sin blanca,
que los que al remedio acuden,

primero las faltriqueras
que las heridas descubren.
Tres semanas he gastado
en que la herida me curen
y así tan tarde, señor,
las nuevas y cartas truje.

(Toma las cartas don Rodrigo, y doña Ana llora.)

Rodrigo Dios lo lleve en salvamento.

(Sancho habla aparte con doña Ana.)

Sancho Por más que llore tu amor,
ha llorado mi señor
por cada lágrima ciento.

Ana ¿Qué te dijo?

Sancho Ya verás...
Quien va tan enamorado...
De ti me encargó el cuidado
siete mil veces y más.
Al subir, al apear,
en el camino, en la venta,
al comer, al hacer cuenta,
en el río y en el mar,
a la noche, a la mañana,
al caer, al tropezón
el amén de la oración
era: «¡Mira por doña Ana!
Por eso te hago quedar,
Sancho, en España», me dijo.
Y a la verdad no me aflijo;

que no estoy bien con el mar.

(Llora doña Ana, y Sancho se dirige a Inés.)

Mientras lee don Rodrigo
y mientras llora doña Ana,
hablemos los dos, tirana.
Di, ¿en qué estado estoy contigo?
¿Has dado a alguno la fe,
que en diche se me adelante,
pues en dos años de amante
solo pellizcos llevé?
Habla. No estés descortés,
ya que esquiva.

Inés   ¿No decías
que a las Indias te partías?

Sancho   ¿Pues que más Indias que Inés?
Por mostrarte el disparate
que era a las Indias partir,
a un poeta he de pedir
que tu belleza retrate.
Será el cabello el metal rubio,
y el blanco la frente,
una perla cada diente,
y cada labio un coral.
Pues, según esto, si ves
a pie quedo en tu belleza
cifrada tanta belleza,
di, ¿que más Indias que Inés?

(Salen don Juan, mudado de vestido, y don Diego, de camino.)

Juan	Dame, señor, esos pies.
Rodrigo	¿Es don Juan?
Ana	¿Es mi don Juan, o don Diego de Luján, que su semejanza es?
Juan	Don Juan soy.
Sancho	¡Cielo sagrado! ¿Don Juan? ¿Cómo puede ser? Yo mismo lo vi perder de vista en el mar salado.
Juan	Y arribar, ¿es maravilla?
Rodrigo	Si eso hubiera sucedido, la nueva hubiera venido antes que vos a Sevilla.
Juan	Tan destrozado y tan roto el galeón, arribamos a Lisboa, que escapamos por ser Dios nuestro piloto; y como imposible vi volverme a embarcar, tomé postas al punto, y llegué antes que la nueva aquí.
Rodrigo	Abrázame. ¡Gloria a Dios, que del riesgo te ha librado!
Ana	Con bien vengáis, primo amado.

Juan   ¡Prima mía!

Ana   ¿Que sois vos?

(Sancho habla aparte a Inés.)

Sancho   En la cara y habla él es;
                        mas helo desconocido
                        en cuanto tiene vestido,
                        y en la barba y todo, Inés;
                        que don Juan no es tan barbado.
                        Si es don Diego de Luján
                        y se nos finge don Juan,
                        presto le verás pescado.
(A don Juan.)   Da los brazos, bien venido,
                        a Fileno.

Juan   ¡Mi Fileno!...

Sancho   ¿Yo soy Fileno? ¡Oh, qué bueno!
                        ¡Vive Dios, que lo he cogido!
                        Soy Armindo.

Juan   Quise yo
                        hacerme erradizo, Armindo,
                        para picarte.

Sancho   ¡Oh, qué lindo!
                        ¿Armindo? Otra vez cayó.
                        ¡Voto a mí, que no es don Juan!

Diego   Descubrióse la invención.

Juan	Perdonad este picón a don Diego de Luján.
Rodrigo	¿Qué decís?
Juan	Tuve deseo de ver si tan parecido como lo han encarecido soy a don Juan, y ya veo, pues a su padre he engañado, que del todo le parezco.
Rodrigo	Pues muy poco os agradezco el picón, que fue pesado. Mas aun dudo todavía si sois don Diego o don Juan.
Juan (Dale unas cartas.)	Estas cartas lo dirán, que mi señor os envía.
Rodrigo	Y en verdad, si no me olvido, que el retratillo que acá recebí de vos, está con ese mismo vestido.
Juan	Es verdad.
(Lee don Rodrigo.)	
Ana (Aparte.)	(¡Triste de mí!)
Sancho	¡Qué bravo conocimiento! En viéndole, en un momento dos mil diferencias vi.

(Habla Sancho aparte a Inés.)

> ¿No lo echas de ver, Inés?
> ¿No ves que éste es agobiado
> y es un poco más delgado
> y tiene mayores pies?
> Ya del engaño me río.
> En mil cosas no conviene.
> Míralo bien; que éste tiene
> una cara de un judío.
> Pues el criado ¿no es feo,
> Inés? Narciso me llamo.
> Por Dios, si es judío el amo,
> que el criado es fariseo.

Inés

> Sancho, no lo miras bien;
> que el criado es muy pulido.

Sancho

> ¡Ta, ta! ¿Bien te ha parecido?
> Dios perdone a Sancho, amén.

Rodrigo

> Vos, don Diego de Lujan,
> vengáis muy enhorabuena,
> que aliviáis toda la pena
> de la ausencia de don Juan.
> Que según le parecéis,
> en vos a él mismo lo veo;
> y así en Sevilla deseo
> que mucho tiempo os estéis.
> En el cuarto de mi hijo,
> sobrina, hospeda a don Diego;
> que le regales te ruego,
> como don Juan te lo dijo.

Y a descansar os entrad.
¡Válgame Dios! En mi vida
vi cosa tan parecida.

(Vanse don Rodrigo e Inés.)

Juan   Prima, los brazos me dad.

Ana   ¿Otra vez?

(Abrázale.)

Juan   Pues a don Diego,
¿habéiselos dado vos?

Sancho (Aparte.)   (¡Bravo resistir, por Dios!
¿Otra vez? Y dalos luego.)

(Habla Sancho a doña Ana.)

Ya sabes que he de escribir
a mi señor cuanto hicieres.

Ana   Es su retrato; ¿qué quieres?
No le pude resistir.

(Habla don Juan a don Diego.)

Juan   ¡Ved qué presto me abrazó,
don Diego! ¡Que fácil, cielos!

Diego   Pues ¿qué queréis? ¿Tener celos
de vos mismo?

Juan	¿Por qué no?
	Si me abraza por don Diego,
	¿no me ofende por don Juan?
Diego	Si es don Diego de Luján
	su primo, decidme, os ruego,
	¿por qué concebís temores
	de que a su primo abrazó?
Juan	También soy su primo yo,
	y trata conmigo amores.
Ana	¿Don Diego?
Juan	Prima querida
Ana	¿Sobre qué riñe con vos
(Aparte.)	el mozo? (¡Válgame Dios,
	qué cosa tan parecida!)
Juan	El que veis, doña Ana, es
	mi igual en sangre y cordura;
	solo le excedo en ventura.
Sancho	¡Oh, si oyera aquesto Inés!
Juan	Por esto siempre le he dado
	la puerta franca en mi pecho;
	que sus méritos lo han hecho
	compañero, de criado.
	De vos le llegué a decir
	que vencéis a vuestra fama,
	y el por una ausente dama
	celos me empezó a pedir.

Yo, por vuestra perfección,
repliqué que dejaría
mi casa por mejoría.
Juzgad quién tiene razón

Ana   Ninguno, a mi ver, la alcanza.
Vos no, porque no hay belleza
que disculpe la flaqueza
de una ligera mudanza;
ni el, porque de eso os refrena;
que a un criado le es más justo
mirar de su dueño el gusto
que la obligación ajena.

Juan   De vuestra sentencia apelo;
que no debe condenarse
la mudanza, si el mudarse
es desde la tierra al cielo.
En el cielo, con firmeza
el alma tiene su asiento,
y el amor anda violento
hasta la mayor belleza;
y como no es igualada
la vuestra, al punto que os vi
le dije a mi amor: «Aquí
es vuestra eterna morada;
aquí vivo, agua fenece
cualquier pasada memoria».

Sancho   Y aquí comienza la historia.
Quien no parece, perece.

(Habla Sancho aparte a doña Ana.)

No le escuches más, doña Ana.

Ana   ¡Vete de aquí! ¡Qué cansado!

(Habla don Juan a don Diego.)

Juan   Que la estorbe le ha pesado.
                           ¡Vive el cielo, que es liviana!

Diego   Vos, celoso impertinente.

Ana (Aparte.)   (No me harto de miralle.
                           La cara, la voz, el talle,
                           todo es mi querido ausente.
                           No le quisiera dejar,
                           que hasta en esto le parece.
                           Mas Sancho en sospechas crece,
                           y es forzoso...) A descansar
                           os entrad.

Juan   Prima querida,
                           imposible es ya sin vos.

Ana (Aparte.)   ¿Lisonjas? (¡Válgame Dios!
                           ¡Qué cosa tan parecida!)

(Vase doña Ana.)

Juan   Adiós.

Sancho (Aparte.)   (Sal quiere este huevo;
                           Y a fe que la ha menester
                           para no dañarse.)

Juan   A ser
vuestro enemigo, mancebo,
no pudierais procurar
mi pena con más cuidado.
Decid, ¿en qué os he agraviado?

(Aparte.)   (Su lealtad he de probar.)

Sancho   Todos con razón desean serviros.

Juan   Seamos amigos,
y de la amistad testigos
aquestos doblones sean.
Y decidme, ¿qué razón
os mueve a guardar así
mi bella prima de mí?

Sancho (Aparte.)   (¿A quién no dobla un doblón?
¿Qué fuerza hay contra el dinero?
¿Qué escudo contra un escudo?
Hará el oro hablar a un mudo,
hará callar a un barbero.)

(Don Juan dale una moneda a Sancho.)

Juan (Aparte.)   (Ya está vencida esta guarda,
pues las dádivas recibe;
el honor de ausente vive
lo que el embestille tarda.)

Sancho   Si la verdad os confieso,
tiene don Juan mi señor
a doña Ana tanto amor,
que va por ella sin seso;

y así en esta ausencia quiso
darme esta carga pesada
de que sea sin su espada
ángel de este paraíso.

Juan (Aparte.) (¡Ved qué presto ha confesado,
de la dádiva contento!
Lo que en otros el tormento,
el contento en él ha obrado.
Ya las finezas no dan
estimación ni ventura.
Andar al uso es cordura;
viva quien vence es refrán.)
Yo estoy presente. Ayudad
mi pretensión amorosa,
y la esperanza dudosa
trocad por cierta amistad.
A ella también la enojáis
y no será inconveniente
perder un amigo ausente,
si dos presentes ganáis.
Don Juan no sabrá su ofensa;
si la sabe y le perdéis,
recibiéndoos yo, tendréis
de este daño recompensa.

Sancho Pardiez, que con tal sermón
convirtáis al gran Sofí.
Digo, señor, que por mí
se logre vuestra intención;
que yo no os pienso impedir,
sino admitir la amistad
que me ofrecéis y mirad
si en más os puedo servir.

Juan	¡Ah, perro infame!
Sancho	¡Señor!...
Juan	Don Juan soy: ¿de qué te admiras?
Sancho	¿Qué dices?
Juan	Vil, ¿así miras por tu lealtad y mi honor? Mataréte.
Diego	El sufrimiento importa.
Sancho	Escucha y verás, aunque tan airado estás, que ha sido bueno mi intento; que al punto te conocí y viendo que te ocultabas, por ver si te declarabas, te quise probar así.
Diego	Bastante disculpa ha dado.
Sancho	¿Yo por don Diego, ni el rey, había de quebrar la ley que debo a leal criado? ¡Mal año para don Diego!
Juan	Si los doblones tomaste, ¿a ayudar no te obligaste a don Diego?

Sancho	No lo niego; mas iba con intención de tomarlos y engañarle, que en traición es bien pagarle a quien compra con traición.
Juan	¡Ah, vil, traidor, embustero!
Sancho	¿Otra tenemos?
Juan	¡Mirad a quién ofreció amistad un honrado caballero! Don Diego soy de Luján.
Sancho	¡Arre acá! ¡Por vida mía! ¿Mas que dura todo el día soy don Diego y soy don Juan?
Juan	Don Diego soy; que por ver si eras falso, me he fingido don Juan.
Sancho	¿Luego no he entendido que don Juan no puede ser? Yo rnismo le vi embarcar, y como negarte vi ser don Diego, quise así obligarte a declarar.
Juan	¡Buena excusa!
Diego	¡Lindo enredo!

Juan	Al menos no hay quien no vea
	que o Luján o Castro sea,
	fiarme de ti no puedo.

Sancho	O seas Castro o Luján,
	te sirvo, pues por ti niego
	a don Juan si eres don Diego,
	a don Diego si don Juan.
	Pero si en sirviendo al uno
	en otro has de convertirte,
	por ninguno he de servirte
	por no ofender a ninguno.

(Vase Sancho.)

Diego	Con la vuestra habéis salido,
	que al fin queda ya asentado
	que sois yo.

Juan	¡Quien no ha intentado,
	don Diego, no ha conseguido!
	Mas —¡ay, primo!— consolad
	mi desventura, que muero.
	¡Ved al combate primero
	lo que tiembla la lealtad!
	¡Ved qué presto se rindió
	aquesta guarda! Y doña Ana,
	¡qué fácil y que liviana
	mis requiebros escuchó!

| Diego | El que prueba a la mujer, |
| | indicios de necio da. |

Juan A la que es su mujer ya,
mas no a la que lo ha de ser.

Diego Don Juan, ¿no fuera mejor
descubrirte a nuestra prima,
y pues que tu amor estima,
gozar en paz de su amor?
Duda de la más leal,
si das en probarla así;
mira no diga por ti
que escarbaste por tu mal.
¿Para qué es bueno probarla
si te ha de pesar al fin,
pues aunque salga ruin
no has de poder olvidarla?

Juan Si pretendiéndola yo,
indicios de fácil da,
de guardarla servirá,
cuando de olvidarla no;
que mejor es conocella,
aunque me pese, y guardarla,
que descuidado gozarla
y perder mi honor por ella.

(Sale Inés.)

Inés Si deseáis descansar,
todo ya está prevenido.
(Aparte.) (No vi mozo más pulido.)

Diego (Aparte.) (Ella me ha dado en mirar.)

Inés Y el agua para los pies

con romero y rosa en ella.

Juan   ¿Tanto regalo, doncella?

Inés   No me llamo sino Inés.

Juan   Pues, hija Inés, de los dos,
te encargo más mi criado
que a mí.

Inés   Yo tendré cuidado
(Aparte.)   (Que me lo da más que vos.)
Las camas a ambos están
convidando.

Juan   Como hermosa,
sois prevenida.

Inés (Aparte.)   (¡Que cosa
tan parecida a don Juan!)

(Vanse todos. Salen Gerardo y Julia.)

Gerardo   Óyeme, Julia.

Julia   Gerardo,
que no me canses te pido.

Gerardo   ¡Qué bravamente has sentido
esta ausencia de Leonardo!

Julia   Si la siento o no la siento,
tu curiosidad condena;
que si no siento tu pena,

¿qué te va en mi sentimiento?

Gerardo   Vame, señora, que oías,
               cuando él estaba presente,
               más humana y más paciente
               las tristes querellas mías;
               mas después que él se ausentó,
               tanto me has aborrecido,
               que más parece que he sido
               el que me he ausentado yo.

Julia   Si eso, Gerardo, conoces,
               no te canses, por tu vida.

Gerardo   Yo os gozaré, fementida,
               aunque os pese.

Julia   Daré voces.

Gerardo   Amor me quita el temor.
               El resistir es en vano.

Julia   ¿Qué es esto? ¡Favor, hermano,
               que está en peligro mí honor!

(Sale Celio, con la espada desnuda.)

Celio   ¿Qué es esto, traidor Gerardo?

Gerardo   ¡Suelta, falsa! Celio, atiende;
               que es tu hermana quien te ofende,
               y que yo el honor te guardo.

(Desenvaina.)

Julia   ¡Hermano!

Gerardo   Déjame hablar;
                        no intentes algún enredo.

Julia   Ya del tuyo tengo miedo.
                        Por fuerza intentó manchar
                        mi honor aqueste enemigo.

Gerardo   Jesús ¡Ved si temí en vano
                        su engaño! Escuchadme.

Julia   Hermano,
                        la verdad es la que digo.
                        Con capa de tu amistad
                        entra en tu casa a agraviarte.

(Vase Julia.)

Celio   ¡Traidor!

Gerardo   Antes de arrojarte,
                        oye y sabrás la verdad.
                        Julia... Mas no has de creer
                        lo que te quiero contar,
                        y así es lo mejor callar,
                        si el hablar no ha de valer.

Celio   Habla.

Gerardo (Aparte.)   (¿Qué engaño diré?
                        créaslo o no lo creas,
                        pues que saberlo deseas,

la verdad del caso fue
que yo he tratado de amor
con Julia lícitamente,
con el respeto decente
a tu amistad y a su honor.
Pues, como velo, he hallado
que un don Diego de Luján,
de aquél tu amigo don Juan
de Castro, primo y traslado,
la visita y la enamora,
y aun ella le hace favor.
Yo, celoso, de su amor
vine a despedirme agora.
Ella que o siente mi ausencia,
o que sentirla fingía,
por los brazos me tenía
reportando mi impaciencia;
y como me resolví
a dejarla y ausentarme,
dio en que había de levantarme
—para detenerme así—
que le soy, Celio, deudor
de su honor, y así la hallastes
diciendo cuando llegastes
que peligraba su honor,
y a mí procurando de ella
desasirme y, ausentarme.
Ésta es verdad. No hay culparme.
Julia es honrada doncella;
amarla no fue traición;
celarla serviros fue.
Mirad si queréis que os dé
más clara satisfacción.)

Celio   Porque la sabré tomar
               si no has sido verdadero,
               me reporto agora, y quiero
               la verdad averiguar.
               Envaina y vete.

Gerardo (Aparte.)   (Amor ciego,
               ¿por qué me tratas así?
               ¿Que una vez que me atreví,
               llegase su hermano luego?
               Mas no está mal enmendado
               si prosigo la invención.)

(Vase Gerardo.)

Celio   ¡Oh; pesada obligación
               de honor de mujer fiado!

(Vase Celio. Salen don Juan y Sancho.)

Juan   Si Inés no te quiere a ti
               y a Mendo sí, yo no entiendo
               lo que puedo hacer.

Sancho   Yo sí.

Juan   Dilo.

Sancho   Despedir a Mendo,
               o despedirte de mí.

Juan   Mendo es mi antiguo criado,
               y le estoy muy obligado.

Sancho	También yo a don Juan lo estoy,
	y por servirte, ves hoy
	que esa ley he quebrantado.
Juan	Mi criado, ¿en qué pecó,
	si Inés en quererle dio?
Sancho	¡Muy buena excusa me dan!
	Dime: ¿en qué pecó don Juan
	para que le ofenda yo?
	Sana el mal que me lastima,
	o estorbaré tu cuidado.
	Mira si tu pecho estima
	conservar ese criado
	mas que el amor de tu prima.

(Vase Sancho.)

Juan	¡Qué confusiones, que daños
	acarrean los engaños!

(Sale don Diego.)

Diego	¿Qué hacéis, primo?
Juan	Estoy, don Diego,
	viendo batir mi sosiego
	de mil tormentos extraños.
	Sancho acaba de intimarme
	que os despida, o me despida
	de que él haya de ayudarme
	en mi amor.
Diego	¡Bien, por mi vida!

Ambos han dado en matarme.
Sancho con celos, y Inés
con amores.

Juan   Pensión es
que paga vuestro buen talle.

Diego   Menester es acallalle.

Juan   De eso hablaremos después,
porque la casa es aquesta
de Julia, y darle quisiera
una carta que me cuesta
dos mil ducados.

Diego   Espera;
que grave, hermosa y compuesta
sale de casa una aurora.

Juan   El Sol amanece agora
al mundo.

(Sale Julia, con manto y Guillén.)

Julia   ¡Señor don Juan!

Juan   Don Diego soy de Luján,
su primo; y si sois, señora,
Julia, qué deciros tengo.

Julia   Julia soy. Decid, si es breve,
porque temerosa vengo
de una lengua, que se atreve
contra el honor que mantengo.

Juan   De Leonardo recibí
                            esta carta para vos,
(Dale la carta.)   y en la que me escribe a mí
                            me dice...

Julia   Don Diego, adiós,
                            que no es eso para aquí.
                            Vedme despacio.

Juan   Sí haré,
                            si hay orden.

Julia   Yo la daré.

(Vase Julia con Guillén, y vala siguiendo don Diego.)

Juan   ¡Hola, Mendo! ¡Mendo! ¡Ah, Mendo!
                            Absorto la va siguiendo.
                            ¡Vuelve, Mendo!

(Vase don Juan.)

Diego (Dentro.)   Volveré
                            al infierno, de la gloria.

(Salen don Juan y don Diego.)

Diego   ¡Válgame Dios! ¿Que vi?
                            Muerta estaba la memoria,
                            y ha resucitado en mí
                            toda la pasada historia.

Juan   ¿Qué tenemos?

Diego	No os asombre;
	que cuando así siente un hombre,
	no es con fundamento vano.
	Julia, ¿no tiene un hermano,
	Celio?
Juan	Ese mismo es su nombre.
Diego	Oíd lo que ordena Amor,
	lo que puede el tiempo oíd,
	las mudanzas de Fortuna
	y mis desdichas, al fin.
	Ya sabéis, primo don Juan,
	que tan niño a Flandes fui,
	que ni en dos años después
	espada pude ceñir.
	En tanto que no podía
	militar en su país,
	al gran archiduque Alberto
	entré de paje a servir.
	A mi señora la infanta
	servía Julia gentil,
	muerte airada para todos,
	vida solo para mí;
	que con favores y prendas
	dio en hacerme tan feliz,
	que envidiado justamente
	de toda Flandes me vi.
	O lo hizo la ocasión,
	o mi buen talle, o vivir
	juntos, o ser niños ambos,
	o que dichoso nací,
	o que mi cruel fortuna

lo quiso ordenar así,
porque después la caída
tuviese más que sentir;
pues cuando más descuidado
gozaba un hermoso abril
en su rostro de azucena,
rosa, clavel y jazmín,
más de amores de seis años,
llegó la nueva infeliz
de que su hermano mayor
murió sin hijos aquí.
Celio heredó el mayorazgo,
que en premio de hazañas mil,
pretendiendo una jineta
estaba entonces allí.
A gozar en paz su renta
se determinó a venir,
trayendo consigo a Julia,
y el alma que yo le di.
Para seguirla tracé
—que Amor es niño sutil—
mil embustes, mil enredos;
mas con ninguno salí;
que el Archiduque, mi dueño,
no mal servido de mí,
como conoció la causa,
supo el efeto impedir.
Despedímonos los dos.
No digo lo que sentí;
entiéndalo el que ha probado
lo que es amar y partir.
Dímonos firmes palabras...
¿Dímonos, dije? Mentí.
Yo las di firmes, que Julia

las dio de mujer al fin.
Partió; y cuando yo tenía
vencida mi suerte vil,
pues para poder librarme
de mi dueño tuve ardid;
cuando ya para seguirla,
sobre un verde borceguí
calcé doradas espuelas,
alas de un bayo rocín,
llega la fama parlera
con una nueva infeliz,
de que la parca cruel
dio a los dos hermanos fin.
Dicen que un soberbio río,
por parecer cielo así,
pasando Diana y Febo,
nunca los dejó salir.
¡Pensad vos cuál quedaría,
quedándome vida a mí,
imaginando sin ella
mi adorado serafín!
Mudé parecer con esto;
fuime a la guerra a servir,
donde en seis años de tiempo
pasé de tormentos mil.
Alcancé licencia, y vine
a pretender a Madrid,
a serviros a Sevilla,
y a ver a mi dueño aquí.
Juzgad agora si es mucho
que me enloquezca el sentir,
hallando a mi Julia viva,
y siendo el mismo que fui.

Juan

El caso es tan singular
que no admiro vuestro exceso;
que no hayáis perdido el seso
me puede más espantar.
Diéraos un gran parabién,
a ser bien hallarla agora,
cuando ya a Leonardo adora
después de un largo desdén.

Diego

Callad, por Dios. ¡Qué rigor!

Juan

¿Qué queréis? Verdades digo,
y aquel es mejor amigo,
que desengaña mejor.
Y Leonardo, que hasta Lima
por darme gusto partió,
que la guarde me encargó;
que más que el alma la estima.

Diego

¿Y qué que os la haya encargado?
¿Guardarla de mí queréis?

Juan

Vos, primo, en eso veréis
a lo que estoy obligado.

Diego

Excusa tenéis conmigo.

Juan

Y con Leonardo os la doy.

Diego

Yo primo y amigo soy,
y Leonardo solo amigo.

Juan

Por eso mismo sospecho
que debo más al ausente,

pues no siendo mi pariente,
tal fineza por mí ha hecho.

Diego

    Pues yo en ser pariente
fundo de mi fineza la alteza;
que en un pariente fineza
es cosa nueva en el mundo;
pero de amigos la fama
mil ejemplos nos ha dado.

Juan

¿Cuenta que alguno ha dejado
por un amigo su dama,
como Leonardo por mí?

Diego

Yo mi ser mismo he dejado,
pues por ser vuestro criado
dejo de ser el que fui.
Si el ausentarse estimáis,
yo también por vos lo hiciera,
si en ello, primo os sirviera.

Juan

Eso mismo me negáis,
que es lo que os pido; y sospecho
que veis que me es conveniente.

Diego

No me pedís que me ausente,
que es lo que Leonardo ha hecho,
sino que mi dama dé
por vos a un ajeno gusto;
y esto, ni pedirlo es justo,
ni él lo hará, ni yo lo haré

Juan

    No os pido yo qué la deis,
mas que me dejéis guardarla.

Diego	Lo mismo será que darla,
	dejar que me la quitéis.
Juan	Mi palabra he de cumplir.
Diego	Y yo también cumpliré
	la que os he dado, que fue
	de ayudaros a fingir
	lo que fingís; y la vida
	pondré porque consigáis
	el fruto que deseáis,
	don Juan, de vuestra querida.
	Mas si queréis que permita
	que guardéis a Julia vos,
	quitaré el alma, por Dios,
	a quien el alma me quita.

(Vase don Diego.)

Juan	¡A qué de engaños se obligan
	los que emprenden un engaño!
	¡Y qué de daños, de un daño
	es forzoso que se sigan!
	La fe y palabra que di
	he de guardar a Leonardo;
	y don Diego, si la guardo,
	cobra enojo contra mí.
	Ambos me piden razón,
	y estoy de ambos obligado;
	bastárame mi cuidado
	sin verme en tal confusión.

(Sale Inés.)

Inés	Señor, ¿qué le hiciste a Mendo que va tan descolorido?
Juan	Por tu causa le he reñido.
Inés	¿Por mi causa? No te entiendo.
Juan	Roguéle que te quisiera, porque tu gusto procuro; mostróse a mis ruegos duro, y enojéme de manera que lo despedí de casa.
Inés	Vuelva a tu gracia, señor.
Juan	No trates de eso.
Inés	Su amor en vivo fuego me abrasa. Si dura su despedida, de mi amistad te despide.
Juan	Inés, otra cosa pide.
Inés	Cuando me niegas la vida, ¿qué otra cosa he de pedirte? Esto quiero merecer.
Juan	Ahora bien, yo lo he de hacer, amiga Inés, por servirte.
Inés	Pues más has de hacer por mí.

Juan	Dilo.
Inés	Casarlo conmigo.
Juan	A alcanzarlo no me obligo; a solicitarlo sí.
Inés	No agradezco la intención, si no acabas lo que pido.
Juan	Si ves que lo he despedido por esa misma ocasión, no fuerza ni el mismo cielo una libre voluntad.
Inés	Por esa dificultad a tu autoridad apelo; que él te estima de manera, que solo tu gusto adora; y pues yo con mí señora hago oficio de tercera, mis intentos encamina, porque en no haciéndolo, digo a mi señor don Rodrigo que requiebras su sobrina.

(Vase Inés.)

Juan	Mucho tiembla este edificio; todos contra él se conjuran, todos quitarme procuran la paciencia y el juicio.

(Sale doña Ana.)

Ana (Aparte.)   (¡Cuán en vano resistí
                     ciega deidad, a tu fuego!
                     ¡Válgate Dios por don Diego,
                     qué fuerza tienes en mí!
                     ¿Qué estrella o astro tan fuerte
                     en mi sangre predomina,
                     que sin remedio me inclina,
                     desde que te vi, a quererte?
                     Perdóname esta mudanza,
                     don Juan; que si me ha rendido
                     don Diego, la flecha ha sido
                     que me hirió, tu semejanza.)
                     Primo...

Juan   Doña Ana querida...

Ana   ¿En qué, triste imagináis?

Juan   En la pena que me dais,
                     mal pagada y bien sufrida;
                     en mi esperanza perdida
                     de vencer vuestra dureza;
                     en la sin igual belleza
                     que, su costumbre excediendo,
                     porque yo viva muriendo,
                     puso en vos Naturaleza.
                     Pienso de don Juan la gloria
                     y desdicha de don Diego,
                     pues a mi presente ruego
                     vence su ausente memoria;
                     el discurso de la historia
                     por donde a tormento igual
                     la disposición fatal

ha encaminado mi suerte,
y al fin, que solo la muerte
es remedio de mi mal.

Ana   ¿Tanta desesperación?

Juan   ¿Obliga a menos acaso
ver, cuando vivo me abraso,
vuestra helada condición?

Ana   Los desdenes, primo, son
el bien del que al fin alcanza;
más hermosa es la bonanza
después de la triste historia,
y tanto más la vitoria
cuanto menos la esperanza.

Juan   Si la esperanza me diera
solo un cabello a que asirme,
ni en venturoso ni en firme
a nadie ventaja diera.

Ana   Nunca alcanza quien no espera.

Juan   Mal espera un desdeñado,
que mira desconfiado
sus méritos desiguales.

Ana   A quien escuchan sus males,
no muera desesperado.

(Hace ademán de marcharse.)

Juan   Volved, declaraos, mi gloria.

No os impida la verguenza;
si mi bonanza comienza
después de tan triste historia,
no me neguéis la vitoria.
Si mi amor os ha vencido,
que no os recatéis os pido;
que indicios daréis, doña Ana,
de noble, y no de liviana,
con favor tan merecido.

Ana   No sé qué os diga, don Diego.

Juan   Yo si sé qué me digáis.
Decid, mi bien, que pagáis
con fuego mi dulce fuego.

Ana   Lo que con la boca niego,
confieso con las acciones,
que de amorosas pasiones
son verdaderos despojos;
que palabras de los ojos
las forman los corazones.
Desde el punto que me vi,
don Diego, en vuestra presencia,
no sé qué correspondencia
dentro del alma sentí.
No sé cómo me perdí;
que con tal resolución
me acometió la pasión,
que lo que os he resistido,
un raro milagro ha sido
de mi honesta obligación.

Juan   ¿Podré decir que eres mía?

Ana	Que lo soy, mil veces digo.
Juan	¿Y don Juan?
Ana	Tendrá castigo

quien de su bien se desvía.
Mucho en sus méritos fía
quien hace tan larga ausencia;
demás de que la experiencia
enseña en esta mudanza,
que por ser tu semejanza
halló en mí correspondencia.

Juan	Cierra el labio, fementida,

fácil, mudable, traidora,
embustera, engañadora,
falsa, liviana, fingida,
mar de vientos combatida,
de inconstante parecer,
flor que comienza a nacer,
humo leve y hoja inquieta,
pluma en el aire, cometa,
rayo, demonio, mujer.
Don Juan soy, que no don Diego;
que cuanto ves he trazado
por verme desengañado
por saber que estaba ciego.
¿Tan presto se apagó el fuego
que tan sin piedad ardía?
Las lágrimas que vertía
tu pecho, ¿en tan poco precio
tuviste? ¡Mal haya el necio
que en llanto de mujer fía!

Ana	Oye.
Juan	Ya no hay invención que te valga.
Ana	¿No me oirás?
Juan	Tus engaños probarás.
Ana	Probaré tu sinrazón. Tú con aquesta ficción has procurado engañarme y en la firmeza tentarme; y yo, que esto he conocido, castigar así he querido el delito de probarme.
Juan	No; que fueron las que oí, finezas muy verdaderas.
Ana	¡Y como que eran de veras, don Juan, pues las dije a ti!
Juan	A don Diego hablaste en mí. Aquéste fue tu conceto.
Ana	A ti las dije, en efeto, que Diego o que Juan te nombres; que las mudanzas de nombres no varían el sujeto. Ese cuerpo y alma ha sido el que quiero, y el que amé; pues a ti, ¿cómo podré

	contigo haber ofendido?
Juan	Habiéndome aquí querido, siendo Castro, por Luján.
Ana	Pues si en los nombres están las causas de tanto fuego, pídale al nombre de Diego celos el nombre de Juan. Mas tú, pues tú mismo eres, que Diego o que Juan te nombres, ni te enloquezcas ni asombres con sutiles pareceres. Mas pues apretarme quieres, yo he de castigarte así; y digo que desde aquí por remate verdadero, si eres don Juan, no te quiero, y si eres don Diego, sí. Y porque con brevedad salga de este desvarío, voy a decirle a mi tío que pruebe esta falsedad.
Juan	Oye, y sabrás la verdad.
Ana	No hay que oír.
Juan	¡Aguarda, prima!
Ana	Si eres don Diego, te estima mi amor; no tengas recelo; mas si don Juan, ¡vive el cielo que te has de partir a Lima!

Fin de la segunda jornada

Jornada tercera

(Salen don Juan y Celio.)

Juan   Don Diego soy de Luján.

Celio   Don Diego, a no haber sabido
                que le eres tan parecido,
                te tuviera por don Juan.

Juan   Su primo y traslado soy.

Celio   Otro en Flandes conocí
                bien diferente de ti.

Juan   De ése tuve cartas hoy,
                porque es mi primo también.
                En Madrid pretende oficios.

Celio   ¿Con dineros?

Juan   Con servicios.

Celio   Dios le dé paciencia.

Juan   Amén.

(Salen doña Ana e Inés, asomándose a una puerta, sin ser vistas de don Juan y Celio.)

Ana   Celio entró descolorido.

Inés   A la muerte igual lo vi.

Ana	Escuchémoslos de aquí,
	que un grande mal he temido.
Celio	¿Conócesme?
Juan	Oído he
	que es, tu nombre Celio.
Celio	¿Sabes
	que soy de los hombres graves
	de Sevilla?
Juan	Bien lo sé.
Celio	¿Sabes que una hermana tengo
	hermosa?
Juan	Decirlo he oído.
Celio	Pues ésa la causa ha sido
	porque a visitarte vengo,
	porque me han dicho de ti
	que en mi ausencia la visitas.
	Si casarte solicitas,
	háblame, don Diego, a mí;
	mas si a deshonrarme vas,
	ni vuelvas más a mi casa,
	ni más por mi calle pasa,
	y seguro vivirás.
Ana	¡Ah, vil, traidor!
Inés	No te asombres,
	señora, de que don Diego

haga como todos.

Ana
                        ¡Fuego
en el mejor de los hombres!

Juan
                        En vuestra casa no he entrado
después que en Sevilla entré;
que miente, sustentaré,
quien lo contrario ha informado.
Con esto, y daros aquí
la palabra de no entrar,
os podéis asegurar
de aquí adelante de mí.

Celio
                        No tengo más que pediros.

Juan
                        Celio, lo que os debo os doy.

Celio
                        De vos obligado voy,

Juan
(Aparte.)
                        Y yo lo quedo a serviros.
(Con esto no ofenderé
a Leonardo, ni a don Diego.)

(Vase Celio. Doña Ana e Inés, todavía está asomadas a una puerta, sin ser vistas de don Juan.)

Ana (Aparte.)
                        (Yo me abraso en vivo fuego.)
Inés, ¿qué haré?

Inés
                        Yo, ¿qué sé?
Ningún consejo te doy,
que en amor es necedad.

Ana	De mi agravio la verdad
	por ti quiero saber hoy.
	Mientras yo de mi tormento
	hablo con mi primo aquí,
	entra por detrás de mí
	a esconderte en su aposento.
	Aunque sin comer estés
	tras su pabellón un día,
	lo que habla con Mendo, espía
	cuando estén solos, Inés.
Inés	Harélo. Ponte delante,
	porque yo también pretendo
	saber quién es este Mendo
	desdeñoso y arrogante,
	que tanto huele a señor.

(Vase Inés. Doña Ana, se adelanta hacía don Juan.)

Juan	Prima querida...
Ana	Enemigo,
	ya no finjas mas conmigo,
	de mil maneras traidor;
	todo embustes y quimeras,
	ya don Diego, ya don Juan,
	ya descortés, ya galán,
	ya ficciones y ya veras;
	o don Diego o don Juan seas,
	¿aquí que disculpa tienes,
	pues conmigo te entretienes,
	traidor, y a Julia deseas?
	Acabóse tu invención
	sufrir más es desvarío.

Hoy, falso, sabrá mi tío
tu cautelosa intención.
Sabrá que quiebra don Diego
del hospedaje la fe;
otra vez te amenacé,
y me detuve a tu ruego,
o a tu engaño, que es más cierto,
pues que finges que me quieres.
Bien sé que don Diego eres.
Las cartas lo han descubierto,
que de tu padre recibes.
Yo misma las he leído.
Si piensas que te he querido,
ciego y engañado vives.
A don Juan quiero, y a ti,
por retrato verdadero
te quiero... ¡Que no te quiero,
y sí te quiero, ay de mí!
Déjame, que el sentimiento
me tiene tal, enemigo,
que ni siento lo que digo,
ni sé decir lo que siento.

(Vase doña Ana.)

Juan   ¡Aguarda, falsa, traidora!
¿Tanto celas a don Diego,
y quieres fingir que el fuego
de don Juan te abrasa agora?
¡Triste de mí! Si fiado
en tu lealtad, me ausentara,
al primero que llegara
hubieras mi amor trocado.
Necio el que espera firmeza

en la mujer y en el mar.

(Sale Sancho.)

Sancho   ¿Nunca nos han de faltar
quebraderos de cabeza?
Cada vez reñís así,
y os vuelvo a ver juntos luego.
Allá en la corte, don Diego,
cierto galán conocí,
que con su dama rifaba
y juraba de no vella
cada mañana, y con ella
cada noche se acostaba.
Con aquesta pesadumbre
seis años vivido habían,
de suerte que ya reñían
por no perder la costumbre.
Si os tenéis amor, en fin,
y una puerta adentro estáis,
¿por qué causa siempre andáis
como Sancho y su rocín?

Juan   Si ella me tuviera amor...

Sancho   ¡Plugiera al cielo que así
me lo tuviera el Sofí!

Juan   Inés, ¿no fuera mejor?

Sancho   Dame que yo un bajá fuera,
que con el Sofí privara;
que a fe que Inés me adorara...

Juan	Fueras moro, y no lo hiciera, porque Inés a Cristo adora.
Sancho	Es verdad; ¿mas que mujer por mandar y por tener no será mil veces mora? Porque el poeta, no en balde haber dicho, considero: «a los moros por dinero, y a los cristianos de balde». Aunque en su trato inhumano lo postrero falta ya; que si un cristiano no da, no quieren ver a un cristiano. La que ves más recatada, es cristiana solamente aquello que es conveniente para no morir quemada. La que ir a misa desea el domingo de mañana, no lo hace por cristiana, mas porque el galán la vea. Yo con más de alguna trato, de oro y seda, punta y punto, que si el Credo le pregunto, se queda en Poncio Pilato. La que vieres repasar en el rosario las cuentas, no reza, sino hace cuentas de lo que te ha de pescar.
Juan	Satírico Sancho, estás.
Sancho	¿Pues cuándo yo —¡mal pecado!—

de ese pie no he cojeado?

Juan   Como pecas, pagarás,
que el que la culpa comete,
la pena quiere llevar.

Sancho   Es parlar, sin murmurar,
lo que beber sin luquete.

Juan   Buen plato, pero costoso,
suele comer quien murmura.

Sancho   Dime: ¿qué hay de Mendo?

Juan   Jura
que por él no estés celoso,
por más que Inés lo persiga.

Sancho   Entretenerme deseas
con promesas.

Juan   Porque veas
a lo que Mendo me obliga,
éntrate en ese aposento;
verás, si con él me enojo.

Sancho   No haya lo de hacer del ojo
y hablarse con fingimiento;
que todo lo sé entender.

Juan   Él viene: escóndete, acaba.

(Entra Sancho en el cuarto de don Juan. Sale don Diego.)

Juan	Ya, Mendo, te deseaba.
Diego (Aparte.)	Lo que mandas vengo a ver. (De alguien está temeroso, pues que Mendo me ha nombrado.)
Juan	¿Sabes, Mendo, cómo ha estado Celio conmigo celoso?
Diego	¿Celoso? Cuéntame de eso. ¿Y de quién lo está?
Juan	De mí.
Diego	¿Pues que le han dicho de ti?
Juan	Lo que, si acaso confieso, parará en broquel y cota, dijo...

(Bajan la voz.)

Sancho	Yo, una por una, di en el barril de aceituna, y en el pipote y candiota. ¡Qué buen vino, pese a mí!
(Bebe.)	Ya al menos este camino no se pasará sin vino. ¡Linda estocada le di! Desde aquí quiero espiar. Mejor estaré arrimado, que me siento algo pesado. Pero quiéreme asentar, porque así estaré mejor,

pues que lo mismo han de darme.
No será malo acostarme;

(Échase detrás de un pabellón.)

que se anda alrerrerror
cuanto mirro. Cerrarré
los ojos. Sueño enemigo,
¿qué tienes que hacer conmigo?

(Duérmese.)

Juan   Con esto contento fue.

Diego   Y yo también lo he quedado,
porque cumplí mi deseo,
pues de guardarla te veo
con eso desobligado.

(Ronca Sancho.)

Juan   Deja esta conversación,
y atiende a aqueste ruido.

(Pasan al cuarto de don Juan.)

Diego   Sanchillo es, que está dormido
detrás de tu pabellón.

Juan   ¡Oh, qué vigilante espía!
Escondióse donde ves,
a ver cómo por Inés
yo en su favor te reñía.

Diego	¿Qué haremos? No será malo fingir que tropiezo en él.
Juan	Que le duela.

(Pisa don Diego a Sancho, y él despierta, se levanta y saca a Inés, tirando de detrás de la cortina.)

Sancho	¡San Miguel, San Onofre, San Gonzalo, San Custodio, San Mamés, San Inocente, San Pablo! ¡Favor, que me lleva el diablo!
Inés	No soy, Sancho, sino Inés.
Sancho	¡Jesús me libre de mal!
Juan	¡Despierta!
Sancho	¡Dios sea conmigo!
Diego	¿Qué tienes? Di.
Sancho	Ya lo digo. Soñaba el juicio final.
Juan	¿Y qué viste?
Sancho	Decir quiero las cosas que allí pasaban. Sobre un tribunal estaban un sastre y un escudero, que venían a juzgar

a los vivos y a los muertos.

Juan   ¡Qué terribles desconciertos!

Sancho   No se puede eso negar;
pues, ¿quien habrá que no crea
que es juicio universal
la lengua de un oficial
mientras hace la tarea?
¿Y qué vida, buena o mala,
de un escudero se guarda,
mientras a su dueño aguarda
con otros en la antesala?
Pues como llamar quisiesen
los dichos dos a juicio,
usaron de un artificio
porque todos acudiesen,
vivos y muertos, al son;
y fue advertencia discreta; que
en lugar de la trompeta,
tañeron con un doblón.
Al punto que el son oyeron,
no quedó muerto en la huesa;
es verdad que más apriesa
las mujeres acudieron.
Las almas, era de ver
cómo a sus cuerpos volvían;
unas los desconocían
y no quisieran volver;
otras buscan diligentes
un hueso que les faltaba...
Una vieja me mataba
preguntando por sus dientes.
A un gordo bodegonero

una nalga le faltó,
y al fin la mitad halló
en casa de un pastelero.
Una dama del deleite,
que anegada muerto había,
su cara desconocía
porque estaba sin afeite;
y al fin fue carilavada
la tal señora a juicio;
otra fue, por beneficio
de las moscas, descarada;
que la hubieron de comer
con el gusto de la pasa.
Estando en aquesto, pasa
arrastrando una mujer
con ambas piernas quebradas,
que eran las del mal ladrón;
que él, con su antigua afición,
se llevó las de ella hurtadas.
Quejóse en palabras tiernas;
los jueces que la oían,
dijeron: «Todas habían
de tener así las piernas».
Aquí se dejó esta queja,
por ver con furor insano
a un ladrón y un escribano
riñendo por una oreja;
mas quitólos de cuidados
el sastre, que para sí
la aplicó, dejando así
a entrambos desorejados.
«Todas las ha menester
el sastre», dijo un poeta;
mas por la gracia discreta

le mandaron parecer.
Súpose que eran sus galas
solamente murmurar,
y mandáronlo quemar
entre cien comedias malas.
Mas él, que no se desdeña
a trueco de hablar, de arder,
dijo: «¡Malas han de ser!
A fe que no falte leña».
A cierta dama de coche
acusaron de que había,
con uno a quien no quería,
dormido toda una noche.
Ella dijo: «Aunque sin gana,
la pasé bien con pensar
en lo que me había de dar
el hombre por la mañana».
Condenáronla a juntar
por siempre, para escarmiento,
a un hombre de mal aliento,
muy amigo de besar.
El demonio rehusaba
llevarla al reino profundo,
diciendo que acá en el mundo
más fruto de ella sacaba;
mas dijo otro resabido:
«Llevarla es más acertado,
que ninguno la ha gozado
que no se haya arrepentido.»
Salió una doña María,
mujer de un noble tendero,
y mandóla el escudero
llamarse Mari-García.
Quiso, a poder de aderezo,

una vieja niñear,
y mandáronla azotar
con cien años al pescuezo.
Un glotón, con mano franca
gastaba solo en comer,
y pusiéronlo en poder
de un ama de Salamanca.
A una que por desconciertos
en ramera vino a dar,
la condenaron a andar
cargada de perros muertos.
A un viejo que tiñe y pinta
las canas por varios modos,
condenaron a que todos
le echasen de ver la tinta.
A un colérico, en quien junto
el decir y hacer nació,
por pena se le mandó
que hiciese medias de punto.
A cierta vieja que amantes
trataba de concertar,
condenaron a tratar
con soldados y estudiantes.
Uno que por imprudencia
se casó mozo, llegó,
y éste solo se salvó,
por llevarlo con paciencia.
Tras éste a mí me llamaron,
en hora mala, a juicio,
y por este negro vicio
de beber, me condenaron
a que un demonio aguador
me echase unas angarillas.
Sentílas en las costillas,

y desperté del dolor.
Como a Inés tan cerca vi,
aun despierto voceaba
que el demonio me llevaba,
que es lo mismo para mí.

Inés   Aquí por diablo me cuentas,
y por ángel cuando quieres.

Sancho   Pues que te adoro, ángel eres,
y eres diablo, pues me tientas.

Juan   La señora Inés, ¿qué hacia
detrás de mi pabellón?

Diego   Amores de Sancho son
los que me traen en espía.

Inés   Mejor lo quemen.

Diego   Amén.

Sancho   Menos amenes en mí,
señor Mendo, que hay aquí
hombre que es hombre de bien.

Juan   Bueno está.

Sancho   Sí, bueno está.

Juan   Declare Inés lo que hacía.

Inés   A Sancho vi que venía,
y como en seguirme da,

104

quise de él librarme así.

Sancho   ¡Linda invención, vive Dios!
La verdad es que los dos
nos escondimos allí
porque Mendo no nos viera,
de quien se recata Inés.

Diego   La verdad sin duda es.

Inés   Miente el lacayo.

Sancho   Embustera,
no te disculpes en vano.

Juan   Dadme espada y capa.

Inés   Miente
el vil.

Juan   Basta.

(Don Juan habla aparte con Sancho.)

              Lindamente
te puse a Inés en la mano.

Sancho   Y lindamente con Mendo
la revolví yo también.

(Don Juan habla aparte con don Diego.)

Juan   Yo reviento. Primo, ven;
que estoy por hablar muriendo.

Inés   Mendo...

Diego   ¿Para qué me llama?
                            ¿Quiere contar la fingida
                            lo que ha soñado, metida,
                            con Sancho, tras de la cama?

Inés   ¿Así me he de ver tratar,
                            lacayo infame, por vos?
                            Traidor, como creo en Dios,
                            que me la habéis de pagar.

(Vanse todos. Salen Julia, con una carta, y Guillén.)

Julia   Guardad, Guillén, la puerta
                            en tanto que repaso
                            esta carta. No venga Celio acaso.

Guillén   Puedes vivir de mi cuidado cierta.

(Vase Guillén.)

Julia   Triste esperanza muerta,
                            que solo vives ya para matarme,
                            ¿dónde quieres llevarme
                            siguiendo un bien que huye presuroso,
                            y funda en ir huyendo su vitoria,
                            yendo donde es forzoso
                            que el tiempo y la distancia en su memoria
                            borren el nombre mío?
                            ¡Oh, loco desvarío
                            del que a amor obedece,
                            que siempre lo difícil apetece!

106

(Lee el papel. Salen don Diego y Guillén.)

Guillén
Venís a muy buen tiempo; que a Leonardo
de responder acaba,
y yo, mientras lo escrito repasaba,
la puerta, por si viene Celio, guardo.

Diego (Aparte.)
(En vivos celos ardo.)
Haced lo mismo agora,
mientras doy mi embajada a Julia.

Guillén
                                Mendo,
que presto concluyáis os encomiendo.

(Vase Guillén. Don Diego quita la carta a Julia.)

Diego
¡Ah, mudable, traidora!

Julia
¿Qué es esto? ¿Quién se atreve
                  de esta suerte? ¡Hola!

Diego
              Llama, cruel; que ya deseo
ver mi temprana muerte.
¿Conócesme?

Julia
                   ¡Jesús! ¿Qué es lo que veo?
¡Don Diego de Luján!

Diego
                 ¡Tente, liviana;
detén la mano, adúltera, enemiga,
que menos inhumana
algún tiempo me diste
bañada en llanto triste,

y ya por otro ausente se fatiga,
firmando aquí mi agravio y tu mudanza!
¡Oh, cielo soberano!
¿Qué justa ley me impide la venganza
de una traidora mano?
Yo, sin delito, en fuego me consumo,
¿y quien tanto pecó no siente el humo?
¿Y las palabras, falsa, que me diste?
¿Y los santos testigos,
que en rompiendo la fe que prometiste,
te obligaste a tener por enemigos,
con abrazos atando el lazo fuerte,
diciendo: «Tuya soy hasta la muerte?».
¡Apenas conocías
a quien tú misma toda te debías!
Yo, que juzgué mis esperanzas muertas,
por tener nuevas de que no vivías,
de mis palabras ciertas
un punto no he rompido,
¿y tú de tantas, una no has cumplido?
Hiciste, al fin mujer, como quien eres.
Para mujer te queda,
y como a mí, a Leonardo le suceda;
que sí sucederá, pues tú le quieres.

(Vase don Diego.)

Julia

Aguarda, vuelve, espera,
amor primero mío,
propietario señor de mi albedrío,
escúchame siquiera,
¿por que quieres que muera
sin oír mi descargo?
¿Qué inhumano juez así condena?

(Sale Guillén.)

Guillén   Di, ¿qué es, Julia, la pena?

Julia   A don Diego seguid.

Guillén   ¿A qué don Diego?

Julia   El que salió de aquí.

Guillén   Cobra sosiego.

Julia   Partid, Guillén, tras él. Sabed su casa.

Guillén   Aplaca un poco el fuego que te abrasa;
                que el que salió de aquí se llama Mendo.

Julia   ¡Oh, qué bien lo entendéis!

Guillén   Yo no te entiendo.
                Don Diego de Luján, que de Leonardo
                te dio la carta, de este mozo es dueño.
                Mendo es su nombre propio.

Julia (Aparte.)   (O éste es sueño,
                o disfraz de que algún enredo aguardo.)
                ¿Sabéis adónde vive ese don Diego?

Guillén   Don Rodrigo de Castro, que es su tío,
                en su casa lo hospeda.

Julia (Aparte.)   (Dueño mío
                de tu amoroso fuego,

puesto que fue el primero que en mis venas
derramó el niño ciego,
la brasa vive, aunque los largos días
muestran cubrirla de cenizas frías.
Contra razón condenas
a quien por ver perdida la esperanza
de volverte a cobrar, hizo mudanza;
mas ya que vuelvo a verte enamorado,
verás que fue el mudarme en esta ausencia,
del arco haber la cuerda desviado,
porque con más violencia
vuelva mi amor a su primero estado.)
Guillén, mañana cuando a misa vamos,
iré a cas de don Diego.

Guillén   Tú pretendes
que en riesgo nos veamos.

Julia   ¿Refrenarme procuras? No te entiendes;
que mientras más me aplacas, más me enciendes.

(Vanse los dos. Salen Celio y Gerardo.)

Celio   Gerardo, yo no he podido
averiguar lo más cierto
en razón del desconcierto
en mi casa sucedido.
Mi hermana y don Diego
niegan ser lo que decís verdad;
mas yo, por vuestra amistad,
niego lo que ellos alegan;
y así, para que se eviten
pruebas y averiguaciones,
con quitar las ocasiones

es bien los daños se quiten.
Palabra de no llegar
a mi casa, entre los dos,
don Diego me ha dado; y vos
la misma me habéis de dar.

Gerardo   Vos pedís tanta razón,
que obrando he de responder;
solo siento no poder
daros más satisfacción.
Siento que de mi lealtad
hayáis cobrado sospecha;
siento que quede deshecha
sin razón nuestra amistad.

Celio   Eso no, Gerardo amigo;
puesto que no queráis vos,
amigos somos los dos,
haciendo vos lo que digo.
Si vuestra amistad es llana,
entre los dos ha de ser,
y así no habéis menester
entrar a ver a mi hermana.
Antes si, como mostráis,
estimáis el ser mi amigo,
con hacer esto que digo,
mas de nuevo me obligáis.

Gerardo   Pues tened seguridad
de que os tengo tanto amor,
que en mirar por vuestro honor
he de mostrar mi lealtad.

Celio   Nunca, Gerardo, de vos

pensé menos.

Gerardo
Así muestro
en cuánto estimo el ser vuestro.

Celio
Dios os guarde.

Gerardo
Guardeos Dios.

(Vase Celio.)

Gerardo
Él vive, Julia enemiga,
que hecho un Argos, pues me abraso,
he de guardarte, y un paso
no has de dar que no te siga;
que he de hacer, si puedo, cierta
mi disculpa con tu hermano;
porque a don Diego, no en vano,
vi dos veces a tu puerta.
Pues me quitas la esperanza,
mi amor convierto en rigor;
que un desesperado amor
siempre apela a la venganza.

(Vase Gerardo. Salen Inés y Sancho.)

Inés
Ya, Sancho, de tu afición
y de tus ruegos me ofendo.
¿Que quieres? Yo soy de Mendo,
y le tengo obligación.

Sancho
Inés esto mismo diera
a la mía calidad;
que, a no haber dificultad,

                    no tanto yo te debiera.

Inés   Y Mendo, ¿qué sentiría,
                    di, si yo tu dama fuese?
                    ¿Te holgaras de que te hiciese
                    tal ofensa la fe mía?

Sancho   Inés, respondo que no;
                    pero yo no te pretendo
                    para que se huelgue Mendo,
                    sino para holgarme yo.

Inés   Don Diego sale. No sea
                    que me halle Mendo contigo.

(Vase Inés.)

Sancho   ¡Plega a Dios que por castigo
                    tan vieja en un mes te vea,
                    que tus callos desafíen
                    las conchas de las tortugas,
                    y el verano, en las arrugas
                    de tu cara, chinches críen!

(Salen don Juan y don Diego.)

Juan   ¿Qué es esto, Sancho?

Sancho   Señor,
                    Inés, que viven los cielos,
                    que a puro pedirme celos,
                    va despidiendo mi amor.

Diego   ¡Buena es ésta!

Juan	Ya la entiendo. ¿Dónde vas?
Sancho	De ti me aparto, don Diego, porque estoy harto de estos secretos de Mendo.

(Vase Sancho.)

Juan	¿Qué hay de Julia desde ayer?
Diego	¿Qué ha de haber de ayer acá?
Juan	¿Pues qué? ¿No habéis vuelto allá de ayer acá?
Diego	¿Qué es volver?
Juan	Tras de seis años de ausencia no es mucho haberse mudado, y más habiendo cesado en vos la correspondencia.
Diego	Con que pensé que era muerta, de eso la disculpa di.

(Vuelve Sancho.)

Sancho	Señor, Julia viene aquí.
Diego	¿Quién?
Sancho	Julia. Ya está a la puerta.

(Sale Julia, con manto y Guillén.)

Juan   ¿Vos, señora, en esta casa?
Que me engaño se me antoja.

Julia   Por las ventanas se arroja
quien en su casa se abrasa;
que estoy de suerte...

Juan   Aguardad:
no sepan vuestros cuidados,
señora, nuestros criadas.
Sancho, Guillén, despejad.

Sancho   Mendo, ¿por qué no se irá?
¿No tiene lengua también?

Juan   No me repliques.

Sancho (Aparte.)   (Aun bien
que no queda Inés acá.)

(Vanse Sancho y Guillén.)

Juan   Con esto no temeré
que Sancho en esta ocasión
saque a luz nuestra invención.

Diego   Discreta advertencia fue.

Julia   Yo, don Diego, no a rogarte
que te ablandes he venido;
que si reina en ti el olvido,

por demás es obligarte.
Vengo a dar satisfacción
de las culpas que me pones;
que tus groseras razones
ofendieron mi opinión.
Siete años ha que partí
de Flandes a esta ciudad,
sin alma y sin libertad,
porque la dejaba en ti.
En estos tan largos años,
ni aun de tu nombre he tenido
una nueva; de tu olvido,
¿qué más ciertos desengaños?
Como faltó esta esperanza,
admití nuevo cuidado;
buscar un desesperado
su remedio no es mudanza.
El señor que despedir
un criado resolvió,
no se ofende si él buscó
otro dueño a quien servir.
Baste que en llegando a verte
muestre mi correspondencia;
que todo en mí fue violencia
lo que no ha sido quererte.
Baste que el volverte a amar,
en cobrando mi esperanza,
muestre que de mi mudanza
fue causa el desesperar.

(Sale Sancho.)

Sancho   Baste, que se está apeando
                Leonardo en nuestro zaguán.

Julia	¿Qué Leonardo?
Sancho	El que a don Juan, mi señor, fue acompañando a las Indias en la armada.
Julia	Eso, ¿cómo puede ser?
Sancho	Él te puede responder, que ya llega.
Julia	¡Ay, desdichada!
Juan	Julia, escóndete. No des ocasión a algún exceso.

(Vase Julia.)

Diego (Aparte.)	(Ya de celos pierdo el seso.)

(Sale Leonardo.)

Sancho	Dame Leonardo, los pies.
Leonardo	¡Sancho!
Sancho	¿Y mi señor don Juan?
Leonardo	Con salud va navegando.
Sancho	Su traslado estás mirando, que es don Diego de Luján.

Leonardo	Dadme, don Diego, los brazos.
Juan	Y el alma; que el no salir al zaguán a recibir, Leonardo, vuestros abrazos, fue por pensar que burlaba Sancho, que la nueva dio.
Leonardo	El cielo santo ordenó lo que imposible juzgaba.
Juan	¿Cómo?
Leonardo	Salimos de la gran bahía al favorable soplo del solano, y perdimos de vista el mismo día, interpuesta la mar, el suelo hispano; ya quince veces plateado había con sus rayos el Sol al Océano, y nuestra armada sin peligro alguno ara veloz los campos de Neptuno, cuando llegada ya la fatal hora de cesar mi viaje, una mañana al tiempo que el crepúsculo a la aurora tiende alfombras que pise de oro y grana, una pena, cruel despertadora, cambia en espinas la mullida lana, y viendo que conmigo no me valgo, huyo de mí y a la cubierta salgo. Siéntome al bordo, solitario amante, las piernas a la mar, la vista al cielo; da un balance la nao, y en un instante todo el costado entrega al blando hielo. Yo triste, inadvertido navegante,

que este súbito daño no recelo,
como ni de un cordel estaba asido,
caigo, y soy en las ondas sumergido.
Al centro me llevó con la caída
del cuerpo grave el ímpetu violento,
y yo los brazos, a buscar la vida,
revuelvo con frecuente movimiento
mas la ligera casa, que impelida
volaba al pajaril del fresco viento,
cuando al aire salí del agua fría,
con la popa a mis voces respondía.
Trescientos hombres que iban en la nave
supo hacer sordos mi enemiga suerte,
o fue que el alba entre el licor suave
de las preciosas lágrimas que vierte,
mezcló el beleño de Morfeo grave,
haciendo oficio entonces de la muerte;
o fue que por caer a sotavento,
el camino a mi voz impidió el viento.
De vista la perdí. ¡Cuál quedaría!
Sin esperanza de remedio humano,
con votos y promesas todavía
apelo a Dios, cuya piadosa mano
a darme vida una fragata envía,
que de las islas pasa al suelo hispano.
Venme, y llegan los nobles pasajeros;
cógenme, vuelvo a España, y vengo a veros.

Juan   Yo os doy un gran parabién
de que hayáis con bien venido.

(Sale Guillén, alborotado.)

Guillén   ¿Tanto os habéis detenido,

Julia?

Juan   ¿Qué es esto, Guillén?

Guillén   Que se esconda mi señora,
                            que viene Celio.

Juan   ¿Estáis loco?

(Salen Celio y Gerardo.)

Celio   Matarla, Gerardo, es poco.

Gerardo   Mi verdad veréis agora.

Guillén (Aparte.)   (Aquí me quiero esconder.)

(Vase Guillén.)

Leonardo (Aparte.)   (Recelo alguna traición.)

Juan (Aparte.)   (Yo estoy en gran confusión.)

Sancho (Aparte.)   (Hoy esta Troya ha de arder.)

Celio   Don Diego, mal habéis hecho
                            lo que hacer me prometistes,
                            pues la palabra que distes,
                            puesta la mano en el pecho,
                            de no inquietar a mi hermana,
                            habéis quebrado, que ha sido
                            hecho de hombre fementido,
                            de pecho y sangre villana.

120

Juan	Celio, no es éste lugar
	de castigar ese brío;
	que es la casa de mi tío,
	y la debo respetar.
	Salid al campo, y tendréis
	respuesta y satisfacción.

Celio	¡Tened! ¿Con buena invención
	llevarme de aquí queréis?
	Primero me habéis de dar
	a Julia, a quien escondida
	tenéis, don Diego; y la vida
	después os he de quitar.

Juan	¿Qué decís? Que no os entiendo.

Celio	No hay que negar, que a Guillén
	vi por mis ojos también
	entrarse de mí escondiendo.
	¡Dadme a Julia, o vive Dios
	que ponga a esta casa fuego!

Leonardo	Si es así, dadla, don Diego.

Gerardo	¿Acá estáis, Leonardo, vos?

Leonardo	Acá estoy.

Gerardo	Luego lo vi
	en viendo a Julia.

Celio	Acabad.
	Salga aquí Julia, y pensad
	que no he de salir de aquí

sin ella o sin vuestra vida.

(Salen don Rodrigo, doña Ana e Inés.)

Rodrigo   ¿Qué alboroto es éste, cielo?

Ana   Inés, gran daño recelo.

Inés (Aparte.)   (Yo estoy de temor perdida.)

Rodrigo   ¿Qué es esto, Celio? ¿En mi casa
tantas voces y ruido?

Juan   Mal informado ha venido.

Celio   No os espante lo que pasa;
oíd, señor don Rodrigo.
Don Diego el honor me quita,
que mi hermana solicita
hasta tenerla consigo
en vuestra casa escondida.
Mirad si es ésta ocasión
para cobrar mi opinión
o perder aquí la vida.

Rodrigo   ¿Qué decís, sobrino?

Juan   Niego
lo que Celio, aquí ha afirmado.

Gerardo   El negar es excusado;
que yo la vi entrar, don Diego,
y hasta agora no ha salido.

Juan	¿Vos habéis sido la espía?
Gerardo	A mi honor le convenía, y por cobrallo lo he sido.
Rodrigo	Reportaos; que yo a buscarla entraré, y como quien soy, Celio, la palabra os doy, si la hallo, de sacarla, y de que don Diego aquí vuestro honor os restituya siendo Julia mujer suya.
Celio	Fuerza es remediarlo así.

(Vase don Rodrigo. Doña Ana habla aparte a Inés.)

Ana	¿Qué te parece? El amor de don Diego fue fingido.
Leonardo (Aparte.)	(¿Don Juan a Julia ha querido? ¡Vive el cielo que es traidor, y a las Indias me enviaba por poderla pretender!)
Juan (Aparte.)	(Demonio fue esta mujer. Aquí mi invención acaba.)

(Salen Julia, don Rodrigo y Guillén.)

Rodrigo	Salid, Julia, sin temor conmigo...
Julia	¡Al cielo pluguiera

que sin la vida saliera!

Rodrigo   Que yerros son por amor.

Guillén (Aparte.) (Guillén, vuestro fin llegó.)

Ana (Aparte.) (¿Que tal en el mundo pasa?)

Celio   ¡Ved el honor de mi casa!...

Leonardo (Aparte.) (Pues que de mí se escondió,
sin duda no me buscaba.
Mi sospecha es verdadera;
pero callaré hasta el fin.)

Julia (Aparte.) (En confusión estoy puesta.)

Celio   ¿Negarás, don Diego, ahora
tu sinrazón y mi afrenta?

Juan   Celio, si yo te ofendí,
yo satisfaré la ofensa;
pero si Julia ha venido
a mi casa a buscar nuevas
de Leonardo, que hoy ha vuelto
por gran milagro a esta tierra,
¿por qué quieres darme a mí
de este delito la pena?

Celio   ¿Esto es verdad?

Julia   Es verdad.

Diego (Aparte.) (Mil confusiones me anegan.

Don Juan por no descubrirse
toda mi ventura arriesga.)

Leonardo

Pues dime, Julia traidora,
¿cómo tal engaño intentas?
¿Cómo de mí te escondiste,
si de mi buscabas nuevas?

Julia

Por escuchar, escondida,
tu mudanza o tu firmeza.

Celio

Dadle, Leonardo, la mano;
que en calidad ni en hacienda
Julia no os es desigual,
y así mi honor se remedia.

Diego (Aparte.)

(Perdone don Juan; que ya
es dañosa la paciencia.)
Celio, cuanto aquí os han dicho,
es invención y quimera.
Julia vino a verme a mí.

Gerardo

¿Es gracia o locura aquésta?

Diego

Don Diego soy de Luján.
Ved si son gracias o veras.
Celio, bien me conocéis
de Flandes.

Celio

Mis manos mesmas
mejor que a vos no conozco.

Diego

Pues desde entonces, por letras,
por palabras, por favores

y por más forzosas prendas,
es vuestra hermana mi esposa;
que aquí la ocasión estrecha
a inventar lo que ha inventado,
a don Juan de Castro fuerza,
por proseguir el disfraz
con que quedó en esta tierra,
fingiendo ser yo en su casa
trazas que el amor ordena.
Mas yo, viendo que perdía
si callara más, la prenda
que más estimo, y don Juan,
cuando muy mal le suceda,
tiene al fin el padre alcalde,
solté al silencio las prendas.

Rodrigo   ¿Que eres don Juan?

Juan   Don Juan soy.

Sancho   Parece, por Dios, comedia.

Rodrigo   Pues dime: ¿qué te ha obligado
a estos enredos que ordenas?

Juan   Yerros son que amor disculpa.
Por no salir de esta tierra,
de mi prima emponzoñado
con amorosas saetas,
lo que has oído fingí;
y, ¡ojalá no lo fingiera,
pues su liviandad ha sido
de este delito la pena!

Ana	Don Juan, sin razón me culpas,
	que con su persona mesma
	no te puedo yo ofender.
	Deja vanas sutilezas.
	Con tu sujeto me dio
	natural correspondencia
	el cielo; mudarte el nombre
	no muda naturaleza;
	y así seguí ciegamente
	la inclinación de mi estrella,
	de que sacarás que a nadie
	podré amar, que tú no seas.
	Y ya que de hablar verdades
	la ocasión forzosa llega,
	sabe que desde aquel día
	que don Diego en esta tierra
	y en ésta tu casa entró,
	supe de él, y más, quién era;
	pero callélo, porque él
	el secreto me encomienda;
	y así siempre te he querido
	por don Juan. Testigo sea
	don Diego que está presente.
Diego (Aparte.)	(Mi prima es, ayudaréla;
	que con los ojos me pide
	que con su engaño consienta.)
	Doña Ana dice verdad,
	don Juan; que os adora y precia
	por don Juan. Dadle la mano,
	que merece su firmeza.
Juan	Aunque el no haberme guardado
	secreto haya sido ofensa,

de que no es mi bien mudable
os agradezco las nuevas;
y así la mano le doy,
si mi padre da licencia.

Rodrigo
Mi sangre es también doña Ana;
verla amparada me alegra;
pero sin dispensación,
siendo tu prima, ¿qué intentas?

Juan
Yo la tengo negociada.
No duerme el que Amor desvela.

Celio
Parece que a concertar
vine yo las bodas vuestras.

Diego
Con dar yo la mano a Julia
alcanzaréis parte de ellas,
si la merezco.

Julia
                    Yo gano.

Diego
Tened, Leonardo, paciencia;
que en competencias de amor
es bien que el antiguo venza.

Leonardo
Yo no lo puedo impedir,
puesto que en la mar soberbia
de religión hice voto,
sí Dios me librase de ella.

Sancho
Gracias a Dios, sora Inés,
que ya no hay Mendo que tenga,
y que me dará la mano

	de mujer, aunque no quiera.
Inés	Antes quiero. Toca, Sancho.
Sancho	¿Topa, Sancho? ¡Buena es ésa! ¿Al casar me dices topa, siendo Sancho? ¡Guarda fuera!
Inés	Toca dije.
Sancho	Toca, pues, y acabe aquí la comedia.

Fin de la comedia

Libros a la carta

A la carta es un servicio especializado para
empresas,
librerías,
bibliotecas,
editoriales
y centros de enseñanza;
y permite confeccionar libros que, por su formato y concepción, sirven a los propósitos más específicos de estas instituciones.

Las empresas nos encargan ediciones personalizadas para marketing editorial o para regalos institucionales. Y los interesados solicitan, a título personal, ediciones antiguas, o no disponibles en el mercado; y las acompañan con notas y comentarios críticos.

Las ediciones tienen como apoyo un libro de estilo con todo tipo de referencias sobre los criterios de tratamiento tipográfico aplicados a nuestros libros que puede ser consultado en Linkgua-ediciones.com.

Linkgua edita por encargo diferentes versiones de una misma obra con distintos tratamientos ortotipográficos (actualizaciones de carácter divulgativo de un clásico, o versiones estrictamente fieles a la edición original de referencia).

Este servicio de ediciones a la carta le permitirá, si usted se dedica a la enseñanza, tener una forma de hacer pública su interpretación de un texto y, sobre una versión digitalizada «base», usted podrá introducir interpretaciones del texto fuente. Es un tópico que los profesores denuncien en clase los desmanes de una edición, o vayan comentando errores de interpretación de un texto y esta es una solución útil a esa necesidad del mundo académico.

Asimismo publicamos de manera sistemática, en un mismo catálogo, tesis doctorales y actas de congresos académicos, que son distribuidas a través de nuestra Web.

El servicio de «libros a la carta» funciona de dos formas.

1. Tenemos un fondo de libros digitalizados que usted puede personalizar en tiradas de al menos cinco ejemplares. Estas personalizaciones pueden ser de todo tipo: añadir notas de clase para uso de un grupo de estudiantes, introducir logos corporativos para uso con fines de marketing empresarial, etc. etc.

2. Buscamos libros descatalogados de otras editoriales y los reeditamos en tiradas cortas a petición de un cliente.

www.ingramcontent.com/pod-product-compliance
Lightning Source LLC
LaVergne TN
LVHW041257080426
835510LV00009B/770